漢字世界の地平

私たちにとって文字とは何か

齋藤希史

新潮選書

目次

漢字世界の地平——私たちにとって文字とは何か

はじめに

一九六三年に出版された『日本語の歴史2 文字とのめぐりあい』は、第三章「ひろがりゆく漢字文化圏」において、こう言う。

ひろくシナ文化の恩恵に浴したかぎりのアジア諸民族は、漢字とのめぐりあいによって、あるいは直接に、あるいは間接に、その土語を文字であらわそうとする試みと経験をみせている。そういう意味で、シナ文化の洗礼をうけたこれらの民族文化は、文字の面に即してみるなら、これを〈漢字文化圏〉とよぶにふさわしい文化圏を形づくったといえるであろう。
［亀井他 一九六三 八八頁］

「漢字文化圏」という用語は、この書物によって広まった。そして、この巻の執筆者であり編集委員であった亀井孝は、のちに「「漢字文化圏」て僕の作った言葉なんだ」［亀井・田中 一九九四 四三頁］と明かしている。「漢字文化圏」とは、ほぼ半世紀前に日本で生まれた用語であった。

この書物では他に「インド文化圏」「ソ連文化圏」などが用いられている。だがそれらは「漢字文化圏」に対してたまたま用いられたものにすぎず、明確な定義はなされていない。その意味で、「漢字文化圏」という呼称は、世界史全体を見渡した上で定められたものというよりは、書名にも示されているように、日本語の歴史を述べるために作られたものと言える。日本の文化をどうとらえるか、それは「シナ文化」とどのように異なるのかを説明するために、「漢字文化圏」という概念が用いられるのである。

そして、この書物の最後は、こう締めくくられている。

いずれにせよ、全体としてみれば、日本語が、そのことばを文字に自由に表記しうる機構を手に入れたという点では、漢字をみごとに日本語の下に隷属させることに成功したとみてよいのである。隷属させるだけ深入りしたために、一面では、当然、漢字がもっている異質のものを大きく受け入れ、消化する度合がふかかっただけに、一方、その禍をも背負うことになったのは、やむをえない。日本語にとってさけがたい漢語の問題がここに生じ、これからのち、繰り返しあらわれることになるが、それこそ日本文化が、漢字文化圏に属した宿命ともいうべきものであろう。［亀井他　一九六三　三八八頁］

「宿命」としての「漢字文化圏」。終章でも論じることとなろうが、「漢字文化圏」という設定自体がこうした議論を内包していたことに、ひとまず注意しておきたい。

近年は、「漢字文化圏」に代えて、この地域における漢文文体の多様性に力点をおいた「漢文文化圏」という概念も提唱されている〔金 二〇一〇〕。たいへん興味深い着眼ではあるが、なぜそれが「文化圏」でなければならないか、やはり気になる。

「漢字文化圏」がその圏域として想定する東アジア地域は、かつて「同文同種」という語で文化的同一性を見いだされたことがあった。「同文」の語は、『礼記』中庸に「同文同軌」とあるように、古くから見られる。ただ同一の文字を用いるということのみならず、本書第一章で論じるように、書体や用法の多様さやそれを整理統合しようとする動きを背景にしたことばだ。それが近代の民族概念によって生まれた「同種」という語と組み合わされ、西洋文明への対抗原理として「同文同種」たる東アジアという概念が強調されるようになった。もとより、日本による東アジア統合という政治的欲望と深く関わっている。

「漢字文化圏」であれ「漢文文化圏」であれ、少なくとも提唱の契機においては、かつての「同文同種」的な文化的同一性を東アジアに見いだそうとするものではないだろう。しかし「文化圏」ということばの警戒すべきところは、提唱された時にはむしろ多様性こそがその「文化圏」の生命であると慎重に意識されていたとしても、広く使われるようになると、「文化圏」としての共通性や同一性を強調する方向へ収斂しがちなことだ。「〇〇文化」と呼びなすこと自体が、どこかでその誘惑を招いてしまう。警戒は怠らないほうがよい。

漢字漢文が流通し使用された地域が、ある一つの圏域をなしていることは間違いない。言語や文字がコミュニケーションの手段である以上、それによって一定の圏域が形成されるのは、自然なことだ。しかしそれを一つの「文化」として語ることには、慎重でありたい。この書物では、圏域の呼称としてはシンプルに、「伝統的にこの地域を覆っていた漢字による書記体系の圏域」〔村田・Lamarre 二〇〇五 五頁〕という定義に従い、「漢字（文）圏」としておこう。そしてその書記体系によって構成される読み書きの世界を「漢字世界」としてとらえておこう。

強調すべきは、その世界が漢字文の読み書きによってダイナミックに、そして歴史的に層をなす圏域によって形成されたということである。圏域は地域を離れては成立しにくいが、必ずしも地域に固着しているわけではない。社会階層によっても異なった様相を呈する。そして圏域の境界は常に変動している。

歴史的な層としては、ひとまず大きく三つの時期にわけることができるだろう。

まず、第一次漢字圏。春秋戦国時代から秦漢の統一によって形を与えられた、いわゆる中国であり、地域はおもに黄河および長江流域を中心とする。第二次漢字圏は、それを中核にして、政治や外交、漢文漢籍の流通などで拡大した領域である。朝鮮半島、日本列島、インドシナ半島東部を含み、一般に「漢字文化圏」と呼ばれるのはこれである。そして第三次漢字圏。近代以降、新たに東アジアとして地政的に再編制されていく領域である。第二次漢字圏の資源を利用しながら、圏域それ自体の再編が行われ、さまざまな転換や脱却が図られた。

本書は、こうした流れを念頭に置きつつ、閉じた文化圏としてではなく、遠心と求心のダイナミズムをもつ圏域として、その特徴がよく表れているところを重点的に論じながら、漢字によって構成された世界を描くことを目的とする。

第一章　漢字とは何か——文字が作る世界

甲骨文字の発見

漢字の歴史を語るとき、最古の漢字として必ず言及されるのは、紀元前十四世紀から十一世紀ごろの殷《いん》代後期において用いられた甲骨文字（甲骨文、卜文）である。亀の甲羅（腹甲が多いが背甲も使われる）や牛や鹿などの大型の獣の肩甲骨などに刻まれ、卜占の日時、内容、結果などを記したものとして知られる。漢和辞典などでその字形を掲げるものもあり（図1）、漢字の原義を議論するときにも、甲骨文字の字形は大きな論拠となっている。漢字に関心のある人で甲骨文字を知らない人は少ないだろう。

しかし現在では漢字の祖先として広く知られている甲骨文字も、十九世紀末に中国の学者によって発見されるまでは、じつは誰にも知られていない文字であった。一八九九年、清の国子監祭酒（教育行政長官）王懿栄《おういえい》（一八四五～一九〇〇）が持病のマラリアを治すために、その薬となる竜骨（動物の骨の化石）を薬店から購入していたとこ

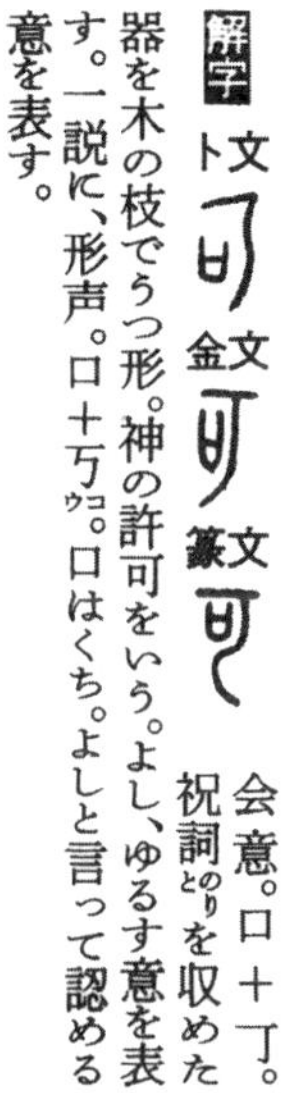
解字 卜文 金文 篆文 会意。口＋丁。祝詞《のりと》を収めた器を木の枝でうつ形。神の許可をいう。よし、ゆるす意を表す。一説に、形声。口＋丂《コウ》。口はくち。よしと言って認める意を表す。

図1　字形　新潮日本語漢字辞典より

ろ、文字が刻まれているものを発見し、収集を始めたという逸話が流布しているが、実際は、骨董商が王のもとにもちこんだのが始まりではないかとされる〔阿辻 一九八九〕。

王懿栄のもとに仮寓していた劉鶚《りゅうがく》（一八五七〜一九〇九）は、一九〇三年に収集した甲骨文字の資料集『鉄雲蔵亀』を出版し、それによって甲骨文字の存在が世に知られるようになった。劉によれば、一八九九年に甲骨（劉は「亀板」とする）が河南省湯陰県で出土し、一九〇二年までに五千片の甲骨が収集され、そこから千片あまりの拓本がこの書物に収められた（『鉄雲蔵亀』自序）。この序文において、すでに甲骨文字が殷代の卜占を記録した文字であることも明らかにされているが、一九二八年からは殷墟（河南省安陽市）の発掘が開始され、甲骨文字と殷代史の研究はさらに進んだ。

金文の字体

甲骨文字が発見されるまで最古の文字と考えられていたのは金石文、つまり青銅器に鋳こまれた金文や石碑などに刻まれた石文であり、それを研究する金石学と呼ばれる学問も発達していた。金石学は北宋の欧陽脩《おうようしゅう》から本格的に始まり、清朝でも多くの学者が取り組み、王懿栄もまた金石文に関心が高かった。とりわけ、青銅器に鋳こまれた金文は、理想の王朝とされる周の治世を知るためには貴重な史料である。しかもその字体は、甲骨文字と異なって、学者たちがよく知っている書体である篆書《てんしょ》に近いものであったから——正確には金文の書体を篆書が継承したわけだが——、読解すること自体に困難はなかった。後漢の許慎《きょしん》による『説文解字』は、長らく文字学の聖典とされてきたが、そこにも親字の書体として篆書（小篆）が掲げられている（図2）。

筆記体としての隷書や楷書が広く行われるようになってからも、篆書は古代の正式な書体を伝えるものとして尊重された。印章に篆書を用いる習慣は、今日でもなお続いている。そして、そうした字体の継承こそ、周代から連綿と続く中国という歴史意識を支えているのである。

しかし甲骨文字は、文字通り甲骨に刻まれた文字であるから、筆画は鋭角的であり、丸みを帯びた篆書とは字体から受ける印象はかなり異なる。字の筆画の形態そのものが篆書とは大きく異なっている場合もあり、また、同じ意味を示す文字でありながら、形態が一定しないことも少なくない。そのため解読には困難が予想されたが、幸いにも、甲骨文字と近い時期の青銅器に鋳こまれた金文とていねいに比較対照するなどの作業を重ねることによって、金文へとつながる字であることが明らかにされた。つまり、漢字の祖先であると認定されたのである。

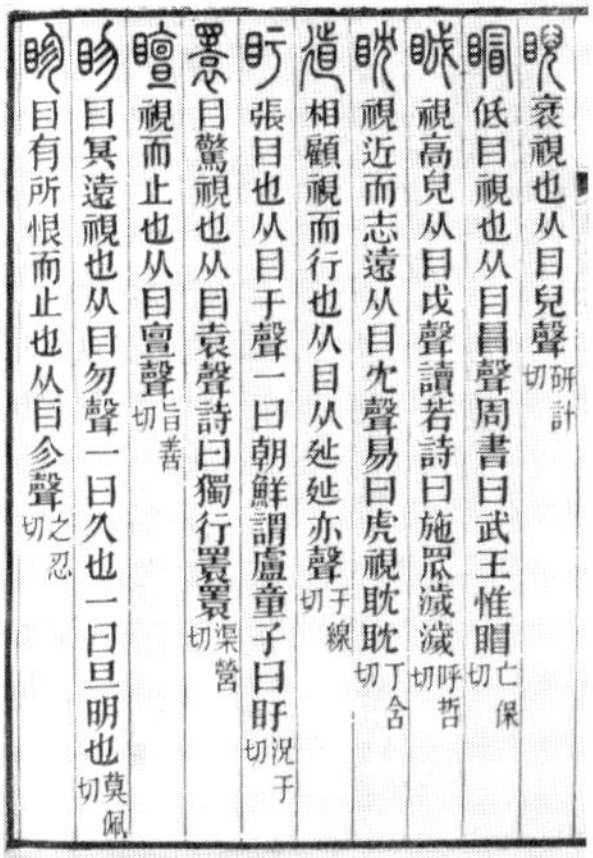
衺視也从目兒聲 研計切
低目視也从目冒聲周書曰武王惟瞐 亡保切
視高皃从目戉聲讀若詩曰施罛濊濊 呼哲切
視近而志遠从目冘聲易曰虎視眈眈 丁含切
相顧視而行也从目从处处亦聲 于線切
張目也从目于聲一曰朝鮮謂盧童子曰盱 況于切
目驚視也从目袁聲詩曰獨行睘睘 渠營切
視而止也从目亶聲 旨善切
目冥遠視也从目勿聲一曰久也一曰旦明也 莫佩切
目有所恨而止也从目㐱聲 之忍切

図2　『説文解字』大徐本（四部叢刊）

なお、篆書が丸みを帯びているのは、金文の形を継承しているからだが、金文が丸みを帯びているのは、それが青銅器に鋳こまれた文字だということに起因している。やや先走ることになるが、金文がどのように青銅器に鋳こまれたかを説明しておこう。

青銅器を作るためには、粘土による鋳型が必要である。金文は青銅器の内側に凹型に鋳こまれているから、内側の鋳型に凸型に文字が浮き出ていなければならない。どのようにして凸型の文字を鋳型の上に置くか、文献にはその技法が記されておらず、さまざまな仮説が提示されてきた。現時点で有力な説は、なめし革などに文字を彫りこみ、それを鋳型の粘土に押し付けて、浮き彫りにされた文字を作るというものである［大西・宮本 二〇〇九］。

このように手間のかかる技法で文字を鋳こんだこと自体が、この文字の特別さを意味しており、また、甲骨文字とは異なる丸みがかった装飾性の強い字体への変化もそれと関連すると考えられるのだが、それについては後段で詳しく述べることとして、話を甲骨文字に戻そう。

甲骨文の定型

甲骨文字は、漢字の祖先であることが明らかになった。しかし、形態的には漢字の祖型であるにせよ、文字の機能としても同一であるとは限らない。たとえば、現存する甲骨文字がすべて解読されたとしても、殷代の人々の日常の言語行為の姿がそれによって解明されることは期待しにくい。時代が三千年も隔たっているということもあるが、それ以上に、『論語』や『史記』などを読むことで私たちが春秋戦国時代の人々のコミュニケーションのありかたをいささかなりとも知ることができるのとは、本質的に大きく異なるところがあるからである。それは、文字の発達未発達にかかわるものというよりも、甲骨文字そのものの本質によるものではないかと考えられる。

甲骨文字は、卜占を行う甲骨（亀甲や獣骨）に、その卜占の日付・内容・判断・結果を記録するために刻まれたものであり、基本的な定型がある。殷王武丁《ぶてい》の妻である婦好《ふこう》の出産について占った甲骨（図3）を例にとろう。

甲申卜㱿貞、婦〔帚〕／好娩嘉〔妿〕、王占〔固〕／曰、其惟〔隹〕丁娩嘉、其惟庚／娩引吉、／三旬又一日甲／寅娩、／不嘉、／惟／女

読みやすいように現代の字体に改め、読点を付した。〔 〕はもとの字体、／は改行箇所である。「甲申」から「引吉」までが右行から左行、「三旬」からが反対に左行から右行に書かれている。定型に沿って説明しよう。

図3　帯卜辞亀腹甲　丙編247
［蔡他 二〇一二］より

「甲申卜㱿貞」は、「甲申の日に卜占の儀式を行い、㱿という占いをする者が問いを立てた」という意味で、このように日付と卜占者が書かれた文を前辞と言う。「婦好娩嘉」は、「婦好の出産はめでたいか（男児を出産するか）」という意味で、卜占する内容を示している。これを命辞と言う。卜占は、甲骨にくぼみを穿ち、そこに熱を加えてひび割れを生じさせて、その形状で占いを行うものである。この場合、問いを立てて熱を加えるのが「㱿」という名の貞人（卜占担当者）である。

ここで「婦好娩嘉」を疑問文として解釈したのは、そうした儀式の過程と甲骨文字の定型を念頭においてのことであって、この文そのものに疑問を表す字はない。「婦好の出産はめでたい」という言明に対して卜占が行われるという理解も成り立つ。つまり、それが疑問文であろうとなかろうと、この位置に占いたい内容が記されていることが重要だ〔高嶋 一九八九〕〔浅原 二〇〇六〕。

次に「王占曰、其惟丁娩嘉、其惟庚娩引吉」とあるのは、「王がひびの形状を見て判断した、丁の日の出産であればめでたい、庚の日の出産であれば大いに吉」という意味である。王の判断を示すもので、占辞もしくは繇辞《ようじ》と言う。

最後に、「三旬又一日甲寅娩、不嘉、惟女」は、「三十一日めの甲寅の日に、出産したが、めでたくはなかった、女だった」という結果を表すもので、験辞と言う。

このように前辞（日付と卜占者）・命辞（内容）・占辞（判断）・験辞（結果）の四要素がそろったものばかりではなく、前半の前辞と命辞だけがのこされているものも多いが、この四要素が形式として基本であることは動かない。甲骨文は、一定の形式のもとに書かれている。

文字と甲骨

当然のことながら、いくら卜占を行なっても、たんにひび割れた甲骨だけでは、何の占いであったかすら、わからなくなる。卜占のひびが入った甲骨は、卜占の記録が刻まれて初めて完成し、それが神官としての王の権威を示すことになる。

一般的には、甲骨文は卜占の内容や判断、そしてその結果を甲骨の上に記録したものと説明されるだろう。しかしそれだけでは、甲骨文字の本質をとらえたことにはなるまい。もし甲骨文字がたんに卜占の記録のために生まれたとするならば、それはどこに書かれてもよいはずである。しかし、卜占を記す文字は、あくまで亀甲や獣骨という卜占の道具と一体である。

甲骨文字の用途には、卜占以外にも、甲骨の献納を記録する記事刻辞と呼ばれるものがあり、亀甲や獣骨の側面に刻まれている。しかしそれもまた甲骨を離れては意味をもたない。はからずも、甲骨文字という呼称は、その本質をよく示している。

たとえば古代メソポタミアの楔形文字であれば、書体の特徴を名称が示している。フェニキア文字であれば、地域を示す。しかし甲骨文字は、それが甲骨に刻まれている文字であることを示す。甲骨文字においては、文字とモノは一体化している。私たちが一般に考える文字は、いかなる媒体に書かれたとしても文字として機能するはずだが、甲骨文字はどうやらそういうものではない。モノから文字が独立していないということであり、文字としての汎用性からは遠いということである。

ただし、それは文字としての未発達を意味するものではないことには、注意をしなくてはならない。何かに文字を刻むという行為は、現代でもさまざまに見られるもので、それはしばしばモノと文字との一体が前提となっている。名所旧跡にある建物の柱などに刻まれたり書かれたりしている男女の人名や日時などはよくある例だが、そうしたものであっても、もしその柱からその文字を分離してしまえば何の意味もなくなってしまうことは、すぐわかる。電子化技術が発達し、文字とモノとの分離が極限まで進んでいる今日では、所有や記念といった場面でしかそうした機能は発揮されないけれども、文字にはモノと結びつくことで発揮される機能が元来そなわっていることを忘れてはならない。

神聖なる文字

別の側面からも考えてみよう。亀甲や獣骨は、素材として卜占に適しているから選ばれているわけだが、亀や大型獣が特別な動物であるということも大きくかかわっている。殷墟から発掘された亀甲は、黄河流域ではなく長江流域で生息していたハナガメのものが多いとされ、卜占に用いる甲骨に一定の選好が働いていたことは間違いない〔浅原 二〇〇六〕。

さらに言えば、平滑で板状の素材が選ばれているのは、ひびを入れやすいということとともに、そこに文字を刻みやすいということもあるだろう。文字は付随的に刻まれたのではなく、文字を刻むことが最初から前提となっていたと考えられる。

卜占という行為はきわめて神聖なものであり、儀礼としての威信をともなうものであった。文字はその神聖と威信を示すために刻まれたのであって、日常の言語行為とは本質的に異なっている。文字を扱うこと自体がきわめて特権的であり、文字を刻むという行為は、卜占という神聖な儀式に含まれているとも言える。

先にも触れたように、甲骨文字には字体のバリエーションが多い。現在までに解読されている甲骨文字は、そのバリエーションをできるかぎり整理して四千字あまりの字種が同定されているが、そのうち確実に解読されているのは千字あまりとされる。文字の意味を推定するには、その文字の音声が手がかりになることが多いのだが、甲骨文字の音声を同定することは難しい。漢代以降であれば八割を超える文字が意符と声符をもつ形声字であるのに対し、甲骨文字ではその割合は解読されている文字の二割余りに過ぎず、未解読のものを含めれば、形声字の割合は相当に低くなる［大西・宮本 二〇〇九］。声符が無ければ音を類推することは難しく、また甲骨文は、のちの時代の『詩』（『詩経』）などのような韻文であるとは考えにくいため、韻律によって当時の音を再構する手段も欠いている。

字形のバリエーションが多いこと、声符をもつ字が少数であることは、甲骨文字が最初から口頭言語をそのまま表記するために作られたものではないことを示唆する。卜占にかかわる書記以外にこの文字がどのように用いられたのかは不明であるが、文字を読み書きできる者が王も含めた神官集団に限られていたことは推定してよいし、そうであれば、日常の用途よりも神聖なる行為、あるいは秘儀性を帯びた政治行為のために専ら用いられたと想定するのが自然であろう。象形文字が最初に呪的機能をもつものとして誕生したかどうかについては留保が必要だとしても、書記言語としてのシステムを構築する過程に、卜占という行為が深くかかわっていることは間違いない。

言語と記号

文字がどのように誕生したかについて、確定的なことを述べるのは難しい。ただ、念頭に置いておかねばならないのは、言語と記号と文字との関係である。

言語は、ヒトという種の社会において、必ず見いだされるものである。文字のない社会は存在するが、言語のない社会は存在しないと言ってよいだろう。そして、ヒト以外の種が用いるコミュニケーション手段とヒトの言語との違いを説明するのに、二重分節性という用語がしばしば用いられる。言語は、意味の最小単位としての形態素にわけることが可能で、形態素はさらに音声の単位、すなわち音素に分けることが可能である。この二段階に分割しうる特徴を指して、二重分節性と呼ぶ。意味の最小単位である形態素は、単独もしくは組み合わせによって「語」を形成する。形態素を構成する音素は、音声すべてが該当するのではなく、英語ではLとRを区別するが日本語では区別しないように、言語によって異なる。

逆から言えば、音素の配列によって形態素を構成し、形態素の配列によって、文を構成する。配列のしかたを増幅させることで、複雑な意味の伝達も可能となる。そしてこの言語の定義において想定されているのは、口頭で発せられる音声言語である。

意味伝達のための構造をもつ音声言語に対し、記号は、それが音声に依拠するものであれ（たとえばサイレンやチャイム）、視覚によって認知されるものであれ（たとえば標識や紋章）、それ自体では何らかの観念を示すものとしての働きしかもたない。記号は構造をもたなくとも成り立つ。しかしもしそれが配列されて、意味伝達のための構造をもつならば、言語への第一歩を踏み出したことになる。それぞれの記号が形態素としてのふるまいを獲得したことになるからである。

そして、それぞれの形態素をさらに分けることが可能で、その分けられたものを別に組み合わせて新たな形態素を作ることができるのであれば、そのシステムは言語と呼びうる。通常の言語学では、形態素をさらに分けたものは音素として定義されるが、音声を前提としない手話が一つの言語であるように［斉藤 二〇〇七］、視覚的な構成要素（手話なら分節化された手のうごきや顔の表情、文字なら筆画もしくは偏旁）もまた、音素と同等もしくは類似の機能を果たし得る。

殷代をはるかに遡る新石器時代の遺跡から発見された陶文（陶器に刻まれたり書かれたりした文字様の符号）などについて、記号か文字かを判断するには、こうした言語としての特質を備えているかどうかが重要であろう。言語としての特質を備えていれば、それは書記言語の構成要素、すなわち文字だと認められる。その場合、音声による口頭言語と文字による書記言語との間に対応関係があるかどうかは、別の問題として考えられなければならない(1)。

記号と文字

一般に、文字は口頭言語を写して生まれたものだ、もしくは、口頭言語との対応関係が見いだされないかぎり文字とは言えない、などと説明されるけれども、果たしてそうだろうか。文字が言語を構成すること、すなわち書記言語が成立することの本質は、音声言語との対応関係にあるのではなく、それ自体が言語としての構造をもっているかどうかにある。その意味で、甲骨文字は言語の構成要素としての資格を備えており、それ以前の記号が文字に近接する性質があるにしても、書記言語として成り立っていたのかどうかが判然としないのとは、質を異にしている。

付け加えて言えば、こうした書記言語が成立するには、つまり、記号から文字への突破が起こるには、それを使用する集団が高い密度で、集約的に、この記号を使用する必要があると考えられる。殷の王を中心とする神官集団は、富と権威と権力を有する集団であり、神事にかかわる作業は閉鎖的に行われたと想定しうる。それまで用いられていた記号を組み合わせてまとまった意味を構成する工夫がどこかでなされ、それが閉鎖的な集団の中で高密度に相互に使用されることによって、特権的な書記言語としてのシステムが定着したのではないか。先に述べたことの繰り返しになるが、神官集団による卜占という行為が、書記言語の発達を促したのであり、日常におけるコミュニケーションとの関わりにおいてではなかった。

十九世紀末まで甲骨文字の存在が知られていなかったことも、こうした文字の性格とかかわるだろう。それらは王の施設の一角に集積もしくは保存され、みだりに公にするものではなく、配布されることもなかったからこそ、後代にその場所がたまたま発掘されるまで、誰の目にも留まらなかったのではないか。当時の人々にとっても、その文字は日常生活の中で目にするようなものではなかっただろう。

すなわち、多くの古代文字がそうであるように、甲骨文字もまた、日常言語とは別のものとして整えられた。もちろん、やがて漢字は日常の言語を表しうる文字となる。しかしそれは、いわば文字を馴致して日常言語のために用いるようになったのであって、もとからそうであったわけではない。

金文の位置

文字と青銅器

青銅器に鋳こまれた金文もまた、甲骨文字と同じく、器物と切り離せない文字であった。青銅器の鋳造は殷代以前から始まっていたようだが、文字が鋳こまれるようになったのは、甲骨文字が使われた時期と同じく殷代後期（紀元前十四世紀）からである。しかし、その文字は氏族を表す図像のようなもので、文を構成しているとは言えない。文として読める成文銘が出現するのは、殷代末期（紀元前十一世紀）である［大西・宮本 二〇〇九］。

発掘された殷代の青銅器は、その多くは日用の器物ではなく、祖先の霊を祀るための祭器であった。饕餮文《とうてつもん》や虺竜文《きりゅうもん》など、神霊をあらわす文様が隙間なく装飾され、器物の造型もさまざまに動物をかたどるなどして、きわめて特徴的な姿を呈している。器物の表面がそうした文様に埋め尽くされているとすれば、文字を鋳こむ場所は内側しかない。というよりも、文字は作器の由来を祖霊に述べるものであったものらしく、それならば内側のほうが適当ということになろう。

殷代末期の金文は、次のようなものであった。三本足の酒器である角（図4）の銘文（図5）を見てみよう。これは右から左に書かれている。

庚申、王在東間、／王格〔各〕、宰椃従、／賜貝五朋、用作〔乍〕父丁／障彝、在六月、惟〔隹〕王／廿祀翌又五

意味をとれば、最初の行は「庚申の日に、王は東間にいた」、次の行は「王は格《いた》り、宰椃は従った」、王が行幸し、宰椃が従ったということであろう。その功績によって「貝五朋《ふさ》を賜わり」、それを記念して「父丁を祭る障彝を作った」のである。そしてそれは「六月、王の即位二十五年」のことだと言う［松丸 一九九〇］。つまり王から貝を賜った宰椃がそれを記念して父のために障彝を作ったことが記録されているのである。

甲骨文字が使われていた殷代後期には、すでに青銅器が鋳造されていたにもかかわらず、成文銘の登場が甲骨文字よりもかなり遅れるのは興味深い事実だろう。それらの多くは、王から下賜を受けたことを記念して臣下が祭器を作るというものであり、王が神霊（最上神は「帝」と呼ばれた）に問うという枠組で行われる卜占とは異なっている。また、書かれる内容とそれが記され

図4　宰《さい》椃《こ》角《かく》
［泉屋博古館 二〇〇二］より

図5　宰椃角銘文
［樋口 一九九四］より

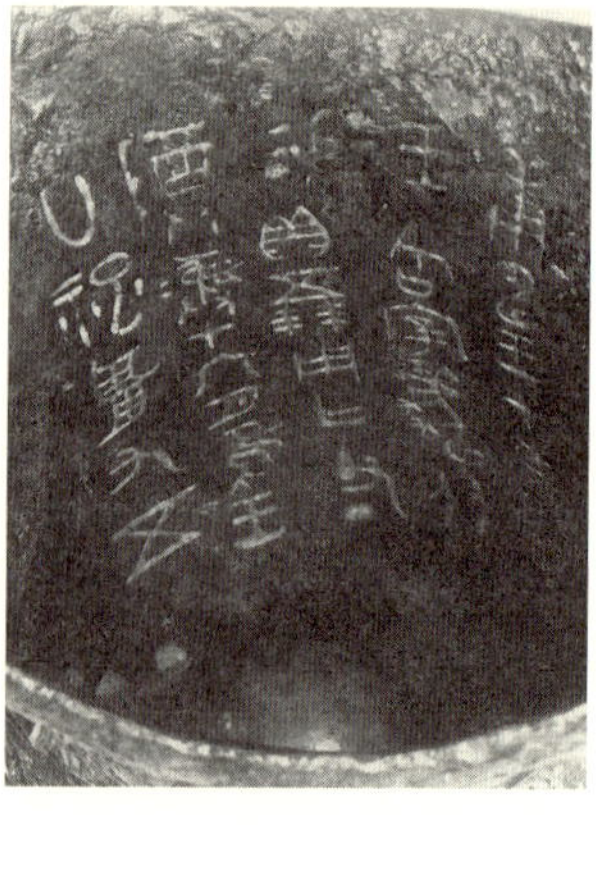

るモノとの関係についても、甲骨文字の場合、卜占の後に行われる判断やさらにその後に生じる結果が甲骨に記されるのに対し、青銅器はすでに何らかの事件が生じた後に、それを記念して作られるというように、先後の関係が逆転している。

言い換えれば、甲骨文字で記された文章が結果として事件の記録として機能しているのに対し、金文は事件の記録を前提として用いられているのである。将来に伝えるための書記言語という機能が意識されているとしてもよい。これは、文字のありかたに大きな変化をもたらした。後に述べるように、文字が卜占に限らず、さまざまな場面で用いられるようになる契機となったのである。甲骨文字と金文が同時ではなく交替して展開していることは、文字の使用領域がこのように段階的に拡大していったことの証左となる。

なお、甲骨文と金文は、文字として相互に同定可能な関係にあるが、先にも述べたように、甲骨文字は刻まれた文字であるがゆえに鋭角的であるのに対し、金文は、なめし革に筆で字を書き、それを彫りこんで型とした文字であるから丸みを帯びているとされる。たしかに筆で書くのと刀で刻むのとではかなりかたちが変わってくるだろうことは容易に想像できるが、なめし革にいったん彫りこんでから粘土に押しつけて整形するという方法に注目すれば、結局は刀を使うのであるから鋭角的であっても不都合はないようにも思える。実際、周の初めごろまでの金文は、筆画の両端が鋭く中間が太い「肥筆」と呼ばれるかたちをしている［樋口 二〇一二］。

しかしその形では、なめし革の型から外して凸型になった文字のうち、とくに角になる部分が欠けやすくなる恐れもある。また、装飾的な文様を施された青銅器の造型に合わせるのなら、より曲線的な字体が好まれたということもありうる。金文は、次第に、線の太さが同一で曲線的な字体に整えられ、字の大きさや行間も一定に整えられていく。こうした特徴は、記すべき内容が増大し、可読性も含めた文字筆記の効率性に配慮が向いた結果としてとらえられるが、同時に、それを可能にしたのもなめし革という柔らかい素材であったことに注意しておきたい。

周の金文

渭河流域に広がる周の遺跡からは文字を刻んだ甲骨が発掘されている。これもまた、殷の支配下にあったときに殷の甲骨文字を襲用したものだとみてよい。殷によって始められた甲骨文は周に継承された。周はもともと西方の国で、殷とは地理的にも民族的にもかなり離れた氏族であったと考えられているが［橋本 一九八三］、殷に服属することで、その文化を吸収したのである。注意すべきは、殷は、自らの祭祀を受け入れさせる形で諸国を支配下においたと推測され、周の甲骨文字も、殷の祭祀とともに受容されたと考えられることだ［高島 二〇〇七］。

一方で、青銅器を鋳造する技術は、殷を倒してから、広大な領域を支配する王朝となる過程で吸収したものと推定される。それ以前の周の遺跡からは、青銅器はほとんど発掘されていない。殷は礼器や武器を青銅で鋳造し、強大な力を誇ったが、周は殷を倒し、その文化を自らのものとすることによって、大きな展開を遂げた。とりわけ、青銅器と文字の結びつきが、殷代よりもはるかに密接なものとなったことは重要だ。

周の青銅器は、その初期は殷のものと類似していたが、次第に周の制度に沿うものとなってきた。すなわち、神霊との関連が薄くなり、王権の象徴として巨大化し、殷代に多く見られたような動物をかたどった酒器ではなく、脚のついた鍋である鼎《かなえ》、台つきの鉢である簋《き》などの食器が多数を占めるようになり、形状も似通ってきた。鋳こまれる金文も次第に長いものが見られるようになり、記述も詳細になった。先にも触れたように、一つ一つの字の大きさも整えられ、方形を意識した字形が主流となっていった。行の配置が揃えられていくのも大きな特徴である。

周の金文の例として、西周後期（紀元前九〜八世紀）に制作された「小克鼎」（図6・図7）を例に挙げよう。

惟〔隹〕王廿又三年九月、王／在〔才〕宗周、王命善夫克、舍／命〔令〕于成周、遹正八師
〔自〕之／年、克作〔乍〕朕皇祖釐季寶／宗彝、克其日用䵼朕辟魯／休、用匄康勵、純
〔屯〕佑〔右〕眉／壽、永命〔令〕霊〔霝〕終〔冬〕、萬年／無疆、克其子〻孫〻永寶用

この鼎は、善夫（王の側近）の克によって作られたもので、一八九〇年に陝西省岐山県で発掘された数多くの古銅器のうちの一つである。銘文はそれなりの長さがあり、甲骨文や初期の金文よりも多くの内容が盛りこまれている。そしてここにも定型がある。

まず最初の部分は、青銅器の作製時期。「惟王廿又三年九月」、すなわち王の即位を起点として二十三年九月であることを示す。次は、その年に起きたことがらを述べる。「王在宗周、王命善夫克、舍命于成周、遹正八師之年」、周の本国（いまの西安付近）に王がいて、克に命令して、

成周（いまの洛陽）に行き、八師（軍隊）を整えさせた年である。その次の「克作朕皇祖釐季寶宗彝」は、克が自分の祖である釐季《りき》のために宗廟のための器（「宝宗彝《ほうそうい》」）を作製することを言う。最後の「克其日用」以下は、王から下賜された褒美（「魯休」）を日々先祖に供えて安楽を願い、長寿を授かり、天寿を全うし、いつまでも限りなく幸福であるように、子々孫々この宝器を用いよ、と克に呼びかける形式で書かれている。[2]

甲骨文に比べれば、まとまった分量であることもあって、文章らしく感じられるとはいえ、『論語』や『史記』など、漢文として見慣れた文章に比べれば、決して読みやすいものではない。字種や字体が後世のものと異なっていることもその理由の一つだが、「也」や「於」などのいわゆる助辞（助字）があまり見られないことも大きい。つまり、文法的な機能をもつ字が少ないた

図6　小克鼎　［島根県立美術館・大広 二〇〇三］より

図7　小克鼎銘文　［同上］より

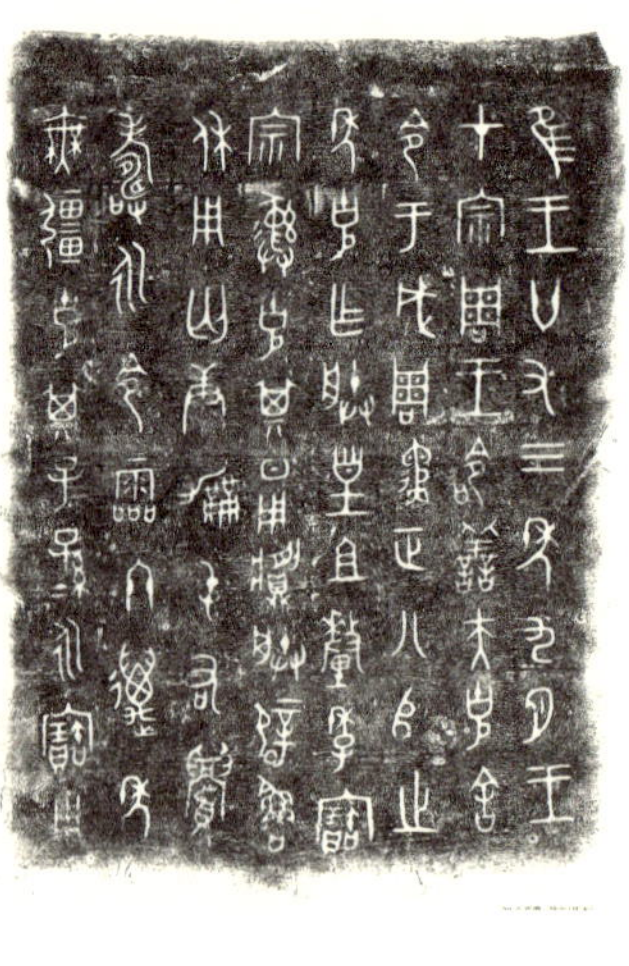

めに、文の構造がつかみにくいのである。

一方で、その年にあったことがらの記録（大事紀年）や結びに見られる祝福のことば（嘏辞《かじ》）など、甲骨文には見られなかった文章の型が確立していることにも注意が必要である。前者は記録としての書記言語の発達を示すものであり、後者は、儀礼の言語と書記言語との結びつきを示すものと言える。

金文のもつこうした性格は、いったいどのように捉えたらよいのか。殷から周への交替で何が起きたのかを踏まえながら、もう少し広い視野で考えてみよう。

権威と有用

紀元前十一世紀、殷を倒して中原を支配した周は、卜占ではなく祭祀と軍事によって王の権威を築き、支配領域を拡大する。そこで大きな役割を果たしたのが青銅器であった。祭祀には礼器として、軍事には武器として、青銅器は欠かせない。しかも、その役割はただ金属器としての実用性にのみ求められるのではなく、そこに施されたさまざまな装飾を見ても、青銅器には「所有者の権力を象徴する機能が大きかっただろうと推測される」〔小南 二〇〇六 五頁〕。そうした権威財の典型として礼器が製作され、その内側に主君からの褒美や官職の任命など、作成の由来を記す銘文が鋳こまれた。

先に述べたように、青銅器に金文を鋳こむには、かなりこみいった技術が必要であった。また、青銅器それ自体の鋳造も、高い技術力を要するものであった。甲骨文が、神霊の意を問う卜占にともなうものであったのに対し、金文は、まさに人の力を示す青銅器とともにあった。もちろん、人の力を示すといっても、青銅器そのものは祭祀に用いられる特別な器物であるが、この違いは大きい。

また、歴史的に見れば、甲骨文字から金文への移行は、二つの面で、大きな意味があった。すでに述べたように、殷と周とは出自となる氏族が大きく異なっていたと推定され、言語についても系統が異なっていた可能性が高い［西田 二〇〇〇］。にもかかわらず文字は継承され、基本的な書記法も受け継がれた。甲骨文が、口頭言語に密着したものではなく、形式性に重点のあるものであったからこそ、こうした継承が可能になったのではないだろうか。いわば、口頭言語とは異なる秩序をもった書記言語として継承されたのである。

もう一つは、封建制によって周が支配地域を拡大させていくのにともない、褒賞や任官あるいは蛮族の平定などの記述が次第に詳細になり、また、青銅器に文字を鋳こむという行為自体も大陸の各地へ伝播していったということである。これは、書記される内容、そして使用される地域の拡大として捉えることができる。周が殷のような卜占に権威を求める政治ではなく、天命を受けた王による統治を封建というシステムで行ったことは、政治的には支配地域の拡大をもたらし、それにともなって文字が使用される領域と流通する地域も拡大されることになった。

金文を鋳こむ高度な技術は、青銅器製作の技術とともに、周の権威を支えた。同時に、その技術は封建諸侯にも伝えられ、大陸各地で文字が使われる契機となった。そうした金文の字体は、甲骨文に比して、「象形性の後退」「字体の安定と異体字の減少」「筆画の単純化と合流」「形声文字の増加」が見られるとされる［大西・宮本 二〇〇九 六〇‐六三頁］。これらの特徴は、書記記号としての効率性が優先されたこと、すなわち文字の汎用化が進み、言語との対応が容易になったことを示している。

その結果、文字の性格は大きく変容した。殷における文字の特権性は、周においては、一定の権威は保ちつつも、統治のための有用性へと転化した。文字が書記記号としての汎用性を獲得する方向へと進んだのである。

文字の汎用性

汎用性の一つの指標となるのが、音声言語（口頭言語）との結びつきである。先にも述べたように、文字はもともと音声言語とは別の原理で造られた記号が、言語としての秩序を構成する部品となったものであり、その秩序はあくまで書記言語のものである。

殷から周へ、甲骨に刻む文字として甲骨文がほぼそのままのかたちで継承されたのは、その内容や目的などの範囲が限定的なものであったことが大きいだろう。甲骨文字が、たとえばフェニキア文字のように音声言語の音節ないし音素を表す文字として転用されることが起きなかったのは、やはりそれがあくまで書記言語のための文字であったことを意味していよう。

同時に、文字が広い範囲で用いられるためには、その地域で用いられている言語との対応関係を明確にするという方法が有効となる。書記言語にはもちろん書記言語の秩序がある。他方、音声言語にも秩序があり、歴史的にもより古く、個人としてもより早く習得される。となれば、書記言語が音声言語の秩序を利用したとしても不思議はない。たとえば、絵文字などの記号を並べて、何かまとまった意味の伝達を行おうとするならば、音声言語の秩序（語法）に従うのが――伝達の両端で類似する言語を話していれば――最も簡単だ。生まれつき音声の聞こえない聾者が、基本的に音声とはかかわりのない手話（たとえば日本手話）を交わしうる一方で、聴者もしくは中途失聴者にとっては、音声言語を前提とした手話（たとえば日本語対応手話）のほうが習得しやすいことは、逆に、音声言語の干渉の避けがたさを示す。

こうして、原理的には別の秩序であることが可能な書記言語と音声言語は、多くの場合、対応する秩序を形成していくことになる。ある言語が、動詞のあとに目的語をおく語順をとるとするなら、文字もその語順に合わせて配列すれば、言語として読むことが容易になる。もし文字の配列と言語の配列が異なっている場合には、日本の訓読記号のようなものを付加すれば、対応を可視化できる。いずれにしても、配列を対応させることで、音声言語の形態素を文字に対応させることが可能になる。漢字が表語文字であるというのは、このような意味においてであって、音声言語の単語を表記するために漢字が発明されたということではない。

甲骨文は、音声言語との表語的な対応関係については初歩的な達成を見ていたと思われる。その基盤の上に立って、金文ではより複雑な構文を表すことができるようになった。表語機能を梃子にして、書記言語としての完成度を高めたのである。言語音声との対応、すなわち表音機能については、甲骨文字の段階ではまだ補助的と言ってよい。すでに述べたように、漢代以降では漢字全体の八割を超える形声字は、漢字の表音機能を利用して作られたものだが、甲骨文字ではまだ少数である。しかも、その半数以上が人名や地名などの固有名詞であるために、現在ではその多くが使われていない〔落合 二〇〇七〕。それが、周以降、書記内容と使用地域の拡大によって、急速に増加することとなる。

加えて、金文に王の命令が直接話法として埋めこまれるようになることも、興味深い。先に挙げた「小克鼎」とともに発掘された「大克鼎」に「王若曰、克、昔余既令女、出内朕令（王はこのように言う、克よ、昔わたしはおまえに命じて、わが命令を出納させた）」のような句があり、発話を示す「曰」という字の後に、「余」という一人称と「女」（汝）という二人称が現れているのは、まさしくその例である。文字は、日常のことばを書き表すために生まれたのではないが、王のことばを記すことによって、口頭で発せられることばと結びつくようになる。むろん、ここで発せられたことばはきわめて儀式的なものであるが、それも含めて、この問題については第三章で詳論したい。

文字の帝国

神聖から世俗へ

文字の書記内容と使用地域の拡大は、言語との対応関係に基づいた文字種の増加を引き起こす。「河」や「江」のような形声字は、音声をともなった語を表すために、その語と同音の字と、その語の観念上のカテゴリーを示す字を組み合わせることを構成原理とする。固有名を示すために多く使われたこの技法は、日常に使われていることばを文字で表すためにはきわめて有効な方法となる。反対に、甲骨文字に形声字が少ないことは、日常世界のことばと文字との関係がそれほど緊密ではなかったということを示す。形声字の爆発的な増加は、中国大陸の各地で文字が使われるようになったこと、それぞれの地域における統治行為が独自に行われるようになったことと密接に関連しているだろう。文字の流通圏が用途の面でも地理の面でも拡大したのである。

形声字に加えて、仮借《かしゃ》についても注意しておく必要があろう。仮借とは、あることばを示す漢字がないために、そのことばと同じ音をもつ漢字を借りて示すものであり、甲骨文字にもすでにそうした用法は見られる。ただし、形声が新たな字を造るための方法であるのに対して、仮借があくまで代用であることには、留意しておかねばなるまい。理念的には、何らかの概念を示す文字の世界があり、概念の共有によって文字と言語音声が結びつき、さらに、その言語音声を媒介にして、文字が別の概念の表象として機能する。それが仮借である。形声は、音声を示す字やカテゴリーを示す字をそれぞれ共通のものとして整理することで、その場その場で行われがちな仮借の技法を体系化したものとして捉えうる。言語音声との結びつきという点では類似し、カールグレンのように形声を「拡大された仮借」と見なすことも可能だが［河野 一九九四］、仮借から形声への展開は、やはり大きな段差がある。

注意すべきは、仮借の技法においては、「我」や「無」などのように、音声言語の語法において基本的だと思われる語が仮借字で表されるということだ[3]。「我」は武器の名、「無」は舞うことを原義とするが、仮借字として用いられるようになってからは、もっぱら「わたし」や「ない」の意味で使われることとなった。こうした語法的な機能を担う語を表す文字が仮借であることは、文字の起源が音声にはないことと、音声と結びつくことで文字は言語としての体系を整えるにいたったことの両方を示している。

文字が音声言語との結びつきを強めたことによって、文字は神聖から世俗へとその場を移行させていく。戦国期、統治や流通のシステムの中で用いられるようになった文字は、もはや青銅器に鋳こまれるだけではなく、竹簡や印章や貨幣などにも記されるようになる。文字はもはや甲骨や青銅器などのモノとともにあってこそ意味をもつというようなものではなくなり、情報を伝える媒体それ自体として意味をもつようになった。竹簡や木簡や布などの筆記素材は、モノ自体に意味があるのではなく、媒体としての利用のしやすさに重点がある。そしてそれらの文字は、青銅器に鋳こまれる文字とは異なり、あくまで実用を旨としたために、簡略を厭わなくなった。とりわけ、法にもとづく文書行政が進められた秦では、書写のための実用書体が発達して隷書（秦隷）となり、一方で金文の流れを受けた儀礼的な書体として篆書（秦篆）が維持された［大西・宮本 二〇〇九］。この二つの書体は、秦による諸国統一によって、中国大陸における規範的な書体としての地位を確立した。

漢字の成立

音声言語との結びつきは、必然的に、文字の多様化を生んだ。中国大陸各地に文字が伝播し、さまざまな用途に用いられたことで、地域による分化が進み、各地で独自の字体が生まれ、ある語をどのような文字で表すかについても差異が生じたのである。それは、たんなる字体の相違に止まらない。

例えば、楚と秦では「女」という字は字形の上で顕著な違いがあったが、それだけでは字体の相違に過ぎないとも言える。しかし、秦では「如」で書き表す語（「～のとおりである」）を、楚では「女」や「奴」で表したとなると、それは書記法の相違を意味する。楚では「如」という字は存在したが、「～のとおりである」の意味で使うことはほとんどなかったという事実を踏まえれば、その相違はよりはっきりする〔大西 二〇〇六〕〔大西・宮本 二〇〇九〕。すなわち、文字の多様化とは、たんなる字形の問題に止まらず、音声言語との対応関係においても複数のシステムが構築されたことを意味する。

秦帝国による文字統一とは、したがって、それぞれの地域の言語との対応によって多様化しつつあった書記システムを統一することであった。多様な言語に対応する一つの書記システムの確立としてもよい。文字の統一が必要であった最大の理由は、広大な領域における文書行政を完遂させるためであったことは疑いないが、反対に言えば、文字さえ統一してあれば文書行政は完遂されるのであるから、音声言語がどうであるかは関心の外ということにもなる。言語は多様のままであっても、書記システムが統一されていればそれでよい。

近代のように文字と口頭との関係が密接であることが求められれば、文字の統一と同時に音声も含めた言語の統一も志向されることになろう。しかし古代においては、書記言語と音声言語が一定の対応関係にあるとしても、文字は文字、口頭は口頭であった。文字と音声言語との結びつきが地域の言語との結びつきを生み、それによって生じた多様と分岐が反転して、強大な政治権力による文字の統一がもたらされると、今度は文字が中心になって、それぞれの地域の言語はそれぞれのやりかたで文字との対応ルールを構成していく。

すなわち、戦国期の群雄割拠から秦の統一までの道筋は、いったん大陸の各地に拡散した文字を、同じ規範によって再統一しようという流れでもあった。地域ごとにさまざまな書体が生まれたことは、逆に書体統一の必要を意識させることとなった。秦が字体の統一を図って篆書を定めたのも、より完璧な集権的統治をめざしたからに他ならない。甲骨文字や金文を祖型とする文字が、後に「漢字」と呼ばれるような文字体系として成立したことの意味は、春秋戦国期を経て汎用性と流通性を獲得したそれらの文字が、広大な地域を領有した秦漢統一帝国の文字として普遍性を獲得したことにあろう。やや極端に言えば、甲骨文字や金文は、汎用性や普遍性という観点からすれば、まだ「漢字」ではない。殷や周の王朝で用いられていた文字が「漢字」になったこと。それは大陸を広く領有する「中国」の成立と同義であり、それこそが「漢字圏」の成立なのであった。

なお、「漢字」という熟語が文献上に現れるのは、唐代以降のことである。義浄《ぎじょう》（六三五～七一三）の著とされる『梵語千字文』は、梵語と漢字を対にして並べたものであり、その序には「梵音下題漢字（梵音の下に漢字を題す）」と見える［新川 二〇〇二］。こうした例は他にも見られ、「漢字」という語が梵漢もしくは胡漢の対比において生まれたことがわかる。逆に言えば、漢字以外の文字と対照させるのでない限り、「漢字」という語は不要なのであった。ただ、そのことと、汎用性のある文字の体系としての漢字の成立とは、わけて考えねばならない。呼称にかかわらず、その成立は中国大陸における中央集権体制の確立と不可分なのである。

文字の担い手

中国最古の韻文とされる「詩」が文字に定着するのは、春秋戦国期である。いま『詩経』として伝わる「詩」は、四音節一句を基本とし、宗廟の儀式歌から民間の恋歌まで内容はさまざまだが、巫祝、すなわち神霊とかかわるシャーマンが用いたであろうことばが含まれることを考えると、起源はやはり彼らの手にあるだろう〔白川 一九九〇〕〔家井 二〇〇四〕。同時に、それが「詩」として伝わるためには、起源としての巫祝は忘れられなければならなかった。たとえば歌い出しの定型句である「興」と呼ばれる技法が、もとは共同体の祖霊信仰とかかわるものであったとしても、「詩」が封建諸国間の外交儀礼の席で歌われたり、都市国家の娯楽として伝えられるためには、そうした起源は不要である。むしろその忘却によってこそ、「詩」は増殖し、文字に留められるに至った。増殖して集成された「詩」は、やがて「五経」の一つとなる。

甲骨文字が神官の文字という起源から切り離されることで、漢字として成り立ったことと、こうした「詩」の起源の忘却とは、同じ流れに属するものではないかと考えられる。甲骨文字において卜占がいかに大きな役割を占めていようとも、それが漢字として流通したのは、卜占から離れたからである。卜占に由来するという起源を忘却したからである。(4)

ではその忘却という作業は誰によってなされたのか。
文字が神から人の手に渡ったからといって、ただちに民衆の文字になったわけではない。文字の読み書きは、あくまで特権であった。武装を許された下層貴族階級としての士は、神官や巫祝たちの世界から文字を奪うことで統治に加わる能力を得た。読み書きされたことばは、竹簡や木簡、あるいは帛《はく》に記され、流通していく。甲骨や青銅器とは異なり、その文字は転写されても意味を失わない。転写されることに意味があるのだとしてもいい。漢字で書かれた文書が行政の血流となる。漢字の流通するこの領域こそ、中国であり、漢字圏である。士という階層の台頭と漢字圏の成立は不可分であろう。

文字が流通するだけではない。周王室を中心とする封建の秩序が次第に崩れるにつれて、人の流動もさかんになる。世襲として儀礼や行政に携わっていた士たちが、旧主を離れた場で能力を発揮しようと試みる。すぐれた者は弁舌の能力をたくわえて遊説の士となり、弟子たちがそれに付き従う。士という階層は、リテラシーと流動性をその特質としたのである。

孔子がその子に「不学詩、無以言」、詩を学ばなければ、ものを言うてだてがない、と諭すのも、「不学礼、無以立」、礼を学ばなければ、人として立つてだてがない、と諭すのも、士として「言」い、士として「立」つためであった。たとえば次のような記述は、そうした孔子の役割を端的に示している［愛宕他 二〇〇九 七五頁］（引用原文内の注記は省いた）。

> 春秋後期の中原諸国では、世族支配体制の動揺を受けて、国君や世族宗主が、従来の身分

制的な権力機構とは別に家臣を蓄えるようになった。これに呼応して人材を育成したのが孔子であり、『詩経』『尚書』などの古典や、礼の実習により弟子を教育した。従来の家臣が国君や世族宗主との人格的な関係にもっぱら依存したのに対し、孔子は「道」すなわち客観的規範に基づく君臣関係を主張し、君主が「道」を逸脱した場合、臣下は自由に致仕できるとした。開放的な君臣関係を前提に、続く戦国時代には、自由な知識人としての「士」が活躍することになる。

そうして能力を養い自己を形づくった士を王侯は試し、食客として抱え、自国の強大化を図り、正統性を争った。漢字圏としての中国は、王侯にとっても、士にとっても、その力と徳を競う場であった。

経書が編まれ、諸子百家の言が記され、史書が著される。士の中でも儒と呼ばれる知識集団が中心となって、新たな文字世界が構成される。その基盤の上に、秦漢の帝国が生まれる。先走って言えば、紀元前二一三年の焚書令は、儒によって作られた文字世界という新たな起源を抹殺し、皇帝による文字世界として改めて打ち立てようとしたものだとも言えるかもしれない。これは儒家の弾圧というよりも、典籍の所蔵や教授を国家の管理下に置こうとするものであった。すなわち、後世にまで続く、国家による文字のコントロールである。帝国の成立基盤であればこそ、その起源は国家のものとして奪取されなければならなかった。

秦の失敗に懲りた漢は、儒による文字世界をむしろ取りこんで用いることで、起源を次第にすりかえ、漢字圏を版図とした。漢字が「漢」であるのは、西域やインドなどの西方と中国を対比させる時の自称として「漢」が伝統的に用いられていたことに由来し、いわば中国という意識と表裏一体のものであるのだが、それと同時に、漢という王朝が漢字という文字によって成り立つ帝国だったことを本質的に示しているだろう。

拡大する漢字圏

漢字圏の原理

「はじめに」で述べたように、今日、漢字圏ないし漢字文化圏という語で示される範囲は、ほぼ東アジア地域ということになる。しかし、最初の漢字圏は中国であった。第一次漢字圏である。東アジア漢字圏は、その二次的拡張として捉えうる。そして、それが漢字圏として成立した原理は、第一次漢字圏が成立した原理、すなわち中国が中国となった原理と通底しているのである。

漢字漢文が流通するだけで漢字圏ができあがるのではない。漢字漢文を読み書きすることで自己を形成する「士」の存在が不可欠である。それを中核におくことで、漢字圏は漢字圏として成り立つ。

甲骨文字に着目した初期の学者としても知られる貝塚茂樹は、日本で『論語』が好んで読まれた理由についてこう述べている〔貝塚 一九六六 三七‐三八頁〕。

私は、根本的には、孔子が生まれた春秋末期の社会と、徳川時代の社会とが、かなり類似点をもっていたせいだと考える。

［…］

孔子の学園は、新興の武士階級に属する子弟を収容し、彼らに君子を理想の人間像として、貴族的な武人の教養を身につけさせようとしたものだといえる。孔子の弟子の曾子になると、武士の一面をもつ君子の典型を、新興の武士階級をさす「士」におきかえた。曾子の学説がのちの儒教の正統になったのであるから、儒教の中心には中国古代の武士道徳が強く流れている。

徳川家康が『論語』の講義をきき、部下にも『論語』の読書を奨励したのは、儒教道徳のなかに「君子」「士」を理想の人間像とする武士的道徳が内在していて、これが徳川幕府の武士道を形成するのに非常に助けとなることを見ぬいたからである。

もちろん、徳川幕藩体制下の武士道徳と戦国期のそれとを同一視するわけにはいかない。「儒教の中心には中国古代の武士道徳が強く流れている」と言えるかどうか、議論はあるにちがいない。だが、『論語』に描かれた「君子」や「士」が、日本近世の士族階級にとって、自己の位置を定めるのに大きく与った人間像だというふうに理解するなら、これはたいへん興味深い説ではないだろうか。

細かく言えば、いかなる人間が士とされるかは、時代と地域によって変化する。貝塚の言うような武士的側面は、中国では戦国期を絶頂として、次第に後退し、士に必須とされた帯剣も行われなくなる。代わって「志」や「徳」が重んぜられる。統治に参与することが妨げられれば、隠士というポジションが用意されるし、女子であっても「士行」があれば「女士」と称される(唐・孔穎達《くようだつ》『毛詩正義』)。

いずれにしても、漢字圏における士の範型は、春秋戦国期に求められた。『論語』を始めとする当時の書物に直接それを求めたのはもとより、加えて大きく与ったのは、史書、とりわけ『史記』であろう。本紀や列伝の読者は、そこに数多の士が登場するのに目を奪われる。自己の姿をそのどれかに似せて作ろうとすらする。書き手の司馬遷もまた、歴史を読み書きする史官として士の本分を尽くそうとする。

こうした読み書きの空間が成り立つためには、漢字のみならず、いま漢文と呼ばれる文章語ないし古典文が生まれる必要があった。戦国以前の文章である「五経」は読みにくい。日常の言語とどのように対応していたか不明な句もある。だが諸子の文章であれば、読みにくさは格段に減る[吉川 二〇〇六]。日常言語と対応可能な汎用の文体として書かれているのである。であれば、学ぶこともたやすくなる。

漢字圏の展開

漢字圏の成立をこのように見た上で、次章以降の議論の前提となる構図を示すために、その後の展開を駆け足でたどってみよう。

漢字は中国というアジア最大の政治力を得て、その圏域を大陸周縁地域へと拡大しはじめた。逆に言えば、それぞれの文化を遅ればせながらも形成してきた地域が、漢字という権力に直面したのである。ことは文字に止まるはずもない。まずは魏や呉ついで隋唐といった国の外交圏の中にどう入っていくか、漢字文献の読み書きをどう行うか、漢字圏からの移入知識人を社会にどう組み込むか、律令や科挙などの制度をどうするか、次々に課題は生じた。

漢字の伝播は、秦漢の統一のように統合の方向へと働くだけではない。拡張された漢字圏においては、むしろそれぞれの固有性を意識させることにもなり、それぞれの社会を国家として成り立たせる契機となった。「倭」は漢字を得たからこそ「日本」と自称するに至ったのであるし、逆説的に、「日本」と称さない歴史を書く事態も導かれた〔神野志 二〇〇七〕。

春秋戦国期における漢字圏の成立がそれ以前の世界の忘却によって成り立つとすれば、日本の古代は、忘却の代わりに『古事記』を編んだのだとしてよいかもしれない。『古事記』は、漢字を用いながら古典文の正格から離れ、漢字のない世界への志向をあらわにする。それに対して『日本書紀』は、自らを「日本」と称し、古典文で歴史を綴り、漢字圏の一員であることを示す。文化の起源を更新することを、漢字は求めたのであった。

こうした格闘を経て、朝鮮半島、日本列島、琉球諸島、インドシナ半島東部にわたって、外交文として漢文を用い、漢文の読み書きが知識層の条件とされる漢字圏が形成される。第二次漢字圏である。漢文を読むための技法が工夫され、漢字を用いながら古典文のシンタクス（統辞法、文法）に拠らない文体が生まれる。やがて、それぞれの地域において、中国の士に相当する層が、遅速と形態の違いこそあれ、成立する。高麗・李氏朝鮮における両班《ヤンバン》、日本近世の士族は、その見やすい例だろう。

第二次漢字圏の成熟期において重要な役割を果たしたのが、朱子学である。整理された世界観と体系的な学習法は、士たらんとする人々にとって、たいへん魅力的であった。いくら春秋末期の社会と徳川の社会が似ているとしても、『論語』の世界がそのまま日本の近世社会に再現できるわけではない。「君子」や「士」の理想像はわかっても、どうやったらそうなれるのか、具体的に示して欲しい。そうした要望に応える用意があったのは、朱子学がまさに中国近世の社会で生まれた学問――あるいは学問の制度――だからであった。いわゆる「聖人学んで至るべし」という標語には、学ぶという行為の重要性と、段階を踏めば聖人にまで至れるという階梯性が示されているのだが、『朱子語類』から朱熹《しゅき》と弟子との問答をのぞいてみても、政治も経済も十分に発達した社会において「士」としていかに生きるか、如実に語られているし、『論語』のような書物をどう学べばよいかも、ていねいに示されている。

また、中国で科挙制度が発達し、受験を前提とした初学者のための書物が大量に出版されたことによって、学びやすさが格段に増したのも、拡張された漢字圏の人々にとって福音であった。外国語である古典詩文の読み書きへのハードルはたしかに低くなったのである。朝鮮やベトナムと違い、日本は科挙制度を取り入れなかったが、その恩恵は十二分に受けたといってよい。科挙がなければ、漢文はこれほど学びやすくはならなかったにちがいない。

こうして、地域の独自性を色濃く保ちながら、漢字圏は東アジア全域に拡がった。漢籍が流通し、情報がもたらされ、限定はあるものの、人が往来した。たとえば朝鮮通信使の来日は数少ない交流の機会であり、日本の儒者は通信使との面会を熱望した。漢字圏における「士」の交際を切望したのである。東アジア的知識人として、彼らは共通の基盤を有していた。彼らにとって、通信使と筆談を交わし、詩をやりとりするのは、自らが中華文明の「士」の世界にいることを確認できる得難い機会であったのだ。なお、筆談は彼らの正当な交際手段であって、ことばが通じないための補助的手段なのではない。口舌の徒ではなく文章の士であるのだから、悠揚迫らず筆を執ることこそふさわしい。

漢字圏の近代

西洋列強が東アジアに姿を見せたことで、漢字圏に大きな変容が起こる。といっても彼らが直接に漢字圏を破壊したのではない。むしろ、漢字圏がたくわえていた力を発揮し、新たな価値をさぐる契機となったのである。

列強が清国に拠点を構えたことで、西洋の情報が漢文によって東アジア世界に伝播することになった。上海では宣教師たちによって活字印刷が行われた。西洋の科学や宗教や歴史が漢文で書かれ、翻訳され、士の教養たる古典にもとづいた文体としての漢文に、風穴が開いた。新しい漢語漢文への道が開かれ、古典の秩序にゆらぎが生じはじめる。

一方、漢文に育てられた士族によって明治維新が行われたことは、漢字圏における大きな事件であった。「五箇条の御誓文」が漢文訓読体で書かれているように、それは、漢文に拠りつつ漢文から離れようとする運動でもある。西洋語の翻訳から生まれた大量の新漢語を訓読体は縦横無尽に使用する。裏返して言えば、新漢語が多量に生産されたからこそ、訓読体が重宝されたのである。

日本だけではない。戊戌《ぼじゅつ》政変に失敗して日本に亡命した梁啓超《りょうけいちょう》（一八七三～一九二九）は、こうした明治の文章によって西洋の事物を吸収した。ちょうど日本人が漢文を返り読みするように、日本文を返り読み――彼には『和文漢読法』という本がある――したのである。訓読体からの翻訳を行ない、自身も新漢語をさかんに用いた新しい文章語を作り上げた。梁啓超の文章は清朝末期の中国で大いに歓迎され、それは朝鮮の士大夫にも伝わった。第三次漢字圏である。

仮名交じりの訓読体は、漢文からの離脱であり、国民語への志向であった。同様のことは漢字圏の各地域で起こる。ハングルの使用もまたその一例だろう。中国においても、文言《ぶんげん》（古典文）ではなく白話《はくわ》（口語文）を用いるべしという運動が起こる。文言は士大夫のものであって、国民のものではないからである。つまり問題は、たんに書くか話すかということにあるのではない。多くの典籍を読破して初めて書けるのが文言であり、そうでないのが白話であるという違いの方が、ここでは重要だ。もちろん一から白話が生まれるはずもなく、文言の語彙や語法がそのための資源となった。しかし、いったん方法さえ確立してしまえば、もう古典に溯る必要はなくなったのである。

東亜の漢字

漢字世界にたくわえられた言語的資源は、こうしてそれぞれの国民語を形成するために消費された。東アジアの近代化と新漢語の大量流通は表裏一体の出来事だ。それは古典ではなく文明の言語として伝わった。「共和」はたしかに周の「共和」から取られたものだが、現在、それを意識して使用する人がどれだけいるだろうか。むしろそれとは無関係に、起源を忘却して、ただrepublicの翻訳語として扱ってこそ、近代のことばとしての意味はある。さらに、初期の新漢語は何らかの古典に由来を求められたが、次第に完全な新造語が幅を利かせるようになることも見逃せない。こうして、日本は漢字圏における新造語の一大拠点となりつつ、漢字世界が漢字世界としてあるための古典という根拠を自ら崩すことになった。士大夫は消え、国民が登場した。日本でも中国でも、士族や士大夫が、漢詩文リテラシーという文化資本を利用してジャーナリズムに活路を見いだしていく現象が起きたのは興味深い。彼らはジャーナリズムの現場で、自らの文化資本に依拠して多くのことばを生み、流通させた。

一方で、急激な変化は、ことばだけが生み出され、内実を欠いた世界という飢餓感を植えつける。西洋文明の流入が激しければ激しいほど、固有の伝統を躍起になって発見しようとする動きが起こるのは避けられない。漢語は、その時も重要な役割を果たした。日本において、教育勅語が駢儷《べんれい》文ふうの構成をとるのが『古事記』の太安万侶《おおのやすまろ》序を想起させるのも、「八紘一宇」なる漢語が『日本書紀』から呼び出されるのも、実はそうした動きによって生じたものではないだろうか。さらに言えば、それは漢字世界の起源を書き換えようという新たな試みだったのかもしれない。日本という国家のための古典が定位され、漢語の起源がそこに求められる。一般に気づかれにくいことかもしれないが、日本の新漢語は、西欧語の翻訳として文明を流通させる機能を有していただけではない。政治や教育の場でさかんに使われた新漢語は、国家的伝統を宣揚するために古代日本の漢字文献から召喚されたものも少なくはなかったのである。その頂点が、訓読体の漢字カタカナ交じり文で書かれた詔勅であり勅諭であった。「同文同種」イデオロギーの宣揚は、そうした漢語使用の延長にある。新たな起源によって、漢字圏を上書きし、帝国の版図たる「東亜」へと再編しようとしたのであった。

一九六〇年代以来の漢字文化圏論を超えて、いま、漢字圏について再び考えようとするなら、少なくともここで述べたような経緯は前提的な知識となるだろう。漢字文化圏という概念は、しばしば東アジアにおける紐帯の強さを語るために引き合いに出される。しかし、もし漢字圏における文化を言うのであれば、それは漢字によって流通した文化であると同時に、あるいはそれ以上に、漢字との格闘そのものが文化であるような性質を持つものであろう。以下の各章において、それを明らかにしていきたい。

第二章　言と文の距離——和語という仮構

もたらされる文字

漢字の伝播

いったん大陸において漢字圏が成立すると、地理的には境界域に位置していた大陸周縁の半島や列島でも、大陸国家との政治的関係に応じて漢字圏への参入が始まる。後に日本と呼ばれる列島において漢字が用いられた理由は、まさにこの漢字圏との外交関係を結ぶためであって、日本列島で話されていた言語を表すためではない。しかし、第一章で概観したように、それは大陸においても同様であったことを忘れてはならない。

すなわち、大陸であれ、朝鮮半島や日本列島であれ、文字は始めに、また常にもたらされるものであった。周においては殷からもたらされ、長江流域の呉楚においては黄河流域の中原からもたらされ、朝鮮半島や日本列島では大陸からもたらされた。甲骨文が生まれた殷においても、当初それは神にかかわる特別な記号として、日常のことばとは別に用いられ、おそらくは神官たちの集約的な使用によって書記言語としての質を一気に獲得したものと考えられる。卜占が神霊からもたらされるものであるのと同様、その書記も、あくまで神霊に由来する。

話しことばが社会生活を営む中で半ば自動的に習得されるのとは異なり、文字は必ず学習を必要とするものであり、系統発生的にも個体発生的にも、文字は、どこかから、もたらされるものである。

漢字の伝播が、なだらかに、あるいは同心円的な拡大によって行われたものではないことも、述べておかなくてはなるまい。漢字の使用は政治に源泉があり、伝播においても、たとえば交易のネットワークによるのではなく、周の王室から地方の諸侯へというかたちをとる。つまり、地方の宮廷が文字伝播の二次的中心となる。戦国時代の諸国で独自の文字が発達したのは、それぞれの宮廷を中心とする文字使用の圏域が形成されたからに他ならない。

音声言語との対応

文字の使用者と使用範囲が拡大するにつれて、文字による表現すなわち文章は、音声言語の干渉を受けていくことになる。文字が広く使われるためには、音声との対応関係が明確であるほうが有利であることは言うまでもない。また、文字の学習、文字の記憶という点においても、音声の助けは重要であろう。第三章で論じるように、漢字の学習において暗誦の果たす役割は大きい。

文字列で複雑な意味を示そうとすれば何らかの秩序形式すなわち文法が必要となるが、それが音声言語の語法と相似形であれば、読むのも書くのも楽になる。音声言語からの類推が働くように、文字を造り文字列を構成すること。形声字の増大はその顕著な例であり、戦国期の文章からさかんに見出されるようになる感嘆や抑揚をあらわす助辞の使用も、音声言語との対応によって生じたと考えられる。それは、かれらの弁舌を再現するものとしてもある。

しかし一方で、文章は口頭のことばと完全に同一化することはなく、文章としての秩序を保とうとする。甲骨文にしても、金文にしても、その文章は定型性の強いものであったし、用いられる語彙も、すでに書かれたものを継承する傾向が強い。反対に、音声言語は、集団、地域、時期などによって、大きく変化する。反対に言えば、音声言語は、あるコミュニケーションの圏域を特別なものとするために、もしくはそのコミュニケーションを行っている人々にとって固有のものとするために、しばしば変異体を生産する。隠語や流行語はそうした例であろうし、家族や友人の間でしか通じないようなことばもまた、そうしたものだ。音声言語は必然的に移ろいやすく、それを利用してコミュニケーションの圏域を生成しているのである。変異がはなはだしいとしても、即座に解説を求めたり、身振りや表情など音声以外の情報から類推するなど、対面ならではの補完手段がさまざまに用意されている。

文章は、音声と異なり、書かれて伝えられるものであるから、こうした変異をうまく取りこむには時間がかかる。時間的にも空間的にも、文章は音声よりもはるかに広い範囲で流通する以上、狭い圏域の変異体を拾い上げていたら、書記言語によるコミュニケーションに齟齬をきたす。文字による表現が日常のことばの影響をこうむったとしても、その変化は音声言語よりも緩慢にならざるを得ない。

逆に、定型の保存という面ではきわめて有効である。文字表現が音声言語との結びつきを強めるということは、口頭言語が文字表現を参照しうる通路が開かれたということでもある。口頭で話される言語は流動的で変化しやすいものだが、文字との対応関係が確立すると、文字ないし文章に依拠した標準化や規範化が可能となる。春秋戦国期には、文字表現と口頭言語の相互干渉がかつてないほど進み、文言（中国古典文・漢文）と呼ばれる文体が成立し、一つの書記言語世界が確立した。漢字圏は、たんなる文字の流通圏ではなく、文言という書記言語の世界を支える圏域となった。

書記言語のシンタクス

漢字圏の拡大が進むと、文章と言語とがシンタクスの対応を見いだしやすい地域とそうでない地域が現れることになる。一般にシナ＝チベット語族とされる言語を話す地域では、漢字漢文がそこで形成されたことからも、シンタクスの対応を見いだしやすいのだが、別系統の言語を話す朝鮮半島や日本列島では、たとえば動詞と目的語の語順が逆になるなど、シンタクスが対応しない。[5] そこで、それらの地域においては、文字を地域の言語として読むための技法が発達することになる。「訓読」と呼ばれる技法はまさしくそれである。また、地域の言語を文字化するために、文言以外のシンタクスにもとづいた書記法（漢字文のバリエーション）が模索されることになる。『古事記』の文章など、いわゆる変体漢文と呼ばれるものもその一つである。

じつは、シンタクスの対応を見いだしやすい地域においても、程度の差こそあれ、同様の変化は起きている。戦国期に至って文章の読みやすさが高まったことは先に述べた通りだが、その具体的な方法は、助字（辞）の増加であった。文末の「也」「焉」「哉」「乎」はもとより、文中の「於」「而」や「被」「使」など、文中にあって文法的な働きをもつ字が頻用される。これらの文字が、いずれも仮借の用法によって助字となったことは、繰り返し強調しておかねばならない。『古事記』の文章が文字と口頭言語との相互交渉において生まれたことは、何も日本列島に特有のことではなく、原理的には、諸子百家の文章においてすでに生じていたと考えるべきなのである。

このように、文字と言語の関係は、どのような地域であっても、つねに緊張を伴うものであったが、言語（日本語）とシンタクスの異なる文章（漢文）を用いることとなった日本列島においては、そのことが日本に特殊の事情として了解される傾向があった。実際に顕在化しやすいということもあるが、そこには「和」（倭）という自己意識をめぐる問題が深く関わっている。

和習への意識

荻生徂徠の和習論

「和」という意識から文字と言語との関係をあぶりだしたのは、荻生徂徠（一六六六～一七二八）であり、日本人の漢文にしばしば指摘される「和習（倭習、和臭）」ということばをはっきり定義して用いたのも徂徠であった。徂徠は、「文戒」（『蘐園随筆《けんえんずいひつ》』附）において、日本語の干渉をうけて漢文の破格が起こることを、「和字」「和句」「和習」の項を立てて論じている〔西田・日野一九七六〕。

「和字」とは、和訓のために漢文を書き誤ること。たとえば「観」と「見」は、和訓ではどちらも「みる」と読むために、漢文を書くときに使い誤りが起こるとするものがそれである。こうした指摘は、徂徠の時代に限ったことではなく、たとえば徂徠の指摘する「聴」と「聞」の違いなどは、現代日本文を書くにあたってすら規範として参照される。また、一字の例に限らず、「命脈」や「遊戯三昧」などのように、漢字で書かれてはいるが漢籍には見えない使い方をされている場合にも、徂徠は「和字」と呼んで戒めている。

「和句」とは、漢文の語順が和文のシンタクスに影響されてしまうことを指す。「必ず其の本無かるべからず」のつもりで「不可必無其本」と書くのは誤りで、漢文では「必不無其本」とするべきだと徂徠は言う。もう少し微妙な例、たとえば「只亦」は誤用で「亦只」とすべきなども指摘され、徂徠の意図が完璧な漢文を書こうとすることにあったことが見て取れる。

そしてその微妙さの最たるものが、「和習」であった。

和習者、謂既無和字、又非和句、而其語気声勢、不純乎中華者也。此亦受病於其従幼習熟和訓顛倒之読、而精微之間、不自覚其非已。(6)

和習というのは、和字もなく和句でもないのだが、その語気や声勢が純粋な中華のものではないものを言う。これもまた、幼いころから和訓転倒の読みかたに慣れてしまったがために、精微なところで、間違いに気づかなくなってしまったものだ。

徂徠はその例として、たとえば「而」「則」「者」「也」等の助字をやみくもに使ってはならないとか、「それを教えて善におもむかせることはできない」という意味で漢文を作るなら「不能使其教而之善」よりも「不能教其之善」もしくは「不能使其受教而之善」とすべきだなどと言う。「さらにこれ以上の道理は説かない」であれば、「更不説一層之理」ではなく「更説一層不去」としなければならないと言う。できるだけ「中華」のことばらしくというのが徂徠の主張なのである。

文章の破格

しかし考えてみれば、中国であろうと日本であろうと、文を綴るという行為においては、破格は常に起こることではないだろうか。日常言語や地域言語の干渉による破格は、そのうちでも最も生じやすいものだろう。徂徠が非難する助字の多さで言えば、六朝《りくちょう》の逸話集『世《せ》説新語《せつしんご》』の文章は、それ以前の文章に比べて口語を多く含み、文体としても格段に助字が多いことなどが指摘されているし［吉川 二〇〇六］、漢訳仏典においては、語法はもちろん、漢字でさえも、それまでになかったものが使われる［船山 二〇一三 第七章］。和習と呼ばれる例が、必ずしも「和」に限るものではないことは、さまざまに指摘されている［小島 一九九八］。

書記言語は、口頭言語の干渉を受ける過程で生じた破格による展開がなければ、文体の変化も語彙の増殖も行われない。ということは、その書記言語が広がり、生き延びるためには、こうした破格はむしろ必要とすら言える。他方、破格をどのようにコントロールするかは大きな課題である。徂徠にしてみれば、中華の人に通じないような漢文では、そもそも漢文であることの意味はないのだから、破格を指摘し、標準を示すこと自体は、理にかなっている。

問題は、破格の有無ではなく、「和」という意識によって破格をくくり、その上での価値判断を行うことだ。徂徠の指摘した和習の例は、宋代以降の禅僧や儒家の語録や、西域で出土した敦煌変文などに同例が見られると指摘される［馬 二〇一二］。ただ、中国にも同様の例があるのだから和習とは言えないという方向でそれを理解すべきではない。そうした破格が、中国の俗語や西域の言語やあるいは仏典の干渉を受けたものにも見られることを、書記言語は口頭言語の干渉によって変動するという一つの原理として理解すべきなのである。和習は、漢文が地域の書記言語として定着するさいに見られる現象の一つであることは疑いようもないが、それを「和習」として取り立てることは、やはり別の問題であるとしなければならない。ちなみに、本居宣長（一七三〇〜一八〇一）は仏典の破格を「天竺習」と言う（『玉勝間』巻十四（六九）［吉川他 一九七八］）。

もろ〳〵の仏経のはじめに、如是我聞といへること、さま〴〵故ある事のごといひなせれども、末々の文にかなはず、はじめにかくいへるは、いづれにしてもひがことにて、つたなきことなり。又我聞如是とこそいふべけれ、言のついでも、いとつたなし。これらのこと、天竺国のなべてのならひにもあるべけれど、なほ翻訳者も拙し。すべて漢学びする人の、手をかけるにも、詩文を作れるにも、和習〱と、つねにいふことなるを、仏書の文には、又天竺習の多きなり。

宣長は仏典が「如是我聞」（私はこのように聞いた）ということばを必ず冒頭に置くことを、「ひがごと」「つたなきこと」として非難し、また語順としても「我聞如是」と言うべきだとする。漢学者は「和習」をやかましく言うが、「天竺習」というものもあるではないかと述べ、つまり「仏経」や「天竺」をもちだすことで、「和習」の相対化を図っているように見えるが、しかし宣長も、そうした「習」が生じること自体が、文章というものに必然の現象であることには気づいていないようだ。

言語即文章

徂徠における和習論の特徴のもう一つは、「文章非它也、中華人語言也」（文章というのは他でもない、中華の人のことばである）」（「文戒」）のように、「文章」と「語言」（話されていることば）を別の秩序として捉えずに、連続することばとして捉えた点にある。「文章」＝「語言」という定式は、まさに言語を表すために文字が生まれたという思考にほかならない。それによって、言語と文章とのずれが訂正すべきものとして強く意識され、「聖人の言語」への志向が生み出されたのではないだろうか。

繰り返し述べてきたように、文字による表現と日常の言語とは別のものである。言語を表すために文字が生まれたのでない以上、言語と文章のあいだには、当然のことながら距離があり、緊張がある。そしてその距離と緊張は、どのような場合においても、原理的に解消不能である。読み書くという行為と話し聞くという行為には、根源的な差異があり、その差異があるからこそ、言語と文章とを歴史的に積み重ね、変化させていくことが可能なのではないか。

しかし徂徠は、言語と文章が一体化した状態を理想と見なしたのであった。和習を意識し、華語の学習によって文章の正格を保とうとする徂徠の方法は、聖人の言語を媒介とした文章即言語観によるものと言えよう。

では、こうした文章即言語観は、なぜ生じたのであろうか。その一つの契機に、漢字とはちょうど反対側にあるかに見える「仮名」というものの存在を見てはどうだろうか。漢字で文章を綴ることがあまりに不自由なために、仮名は言語をそのまま表現できると相対的に思ってしまったこと、そこに陥穽があったと見なすのである。たとえば宣長はこう言う（『玉勝間』巻十四（八七）〔吉川他 一九七八〕）。

皇国の言を、古書どもに、漢文ざまにかけるは、仮字といふものなくして、せむかたなく止事を得ざる故なり。今はかなといふ物ありて、自由にかゝるゝに、それをすてゝ、不自由なる漢文をもて、かゝむとするは、いかなるひがこゝろえぞや。

徂徠はまさに「不自由なる漢文をもて」書かんとしたわけだが、それなら仮名で自由に書く宣長と徂徠は反対の立場にいるかというと、そうではない。日本人なら仮名文は自由に書けるという宣長の主張は、裏返せば、中国人なら漢文は自由に書けるということになる。徂徠は、漢文を自由に書くためには、まるで中国人であるかのように中国の言語に習熟すればよいとした。もちろん当時から指摘されていたように、中国においても口語と文語との違いは大きく、そう簡単には行かない。徂徠もそれは承知していたがゆえに、文章＝古人の言語という等式をもちだしたのであった。徂徠も宣長も、文章即言語を理想とする点に変わりはない。

古代の文章を尊重する「古文辞学」を徂徠が提唱したことと、文章＝古人の言語という等式は表裏一体である。そして、言語に習熟すれば文章は自在に書けるという観念の支えになっていたのは、じつは、宣長が明言しているような、日本人なら仮名文は自由に書けるという意識だったのではないだろうか。

ハングルとパスパ文字

ハングルの位置

仮名の問題について考える前に、朝鮮半島におけるハングル（諺文《オンモン》、訓民正音）の位置について確認しておきたい(7)。漢字圏において音を表す文字として用いられたという点で、仮名とハングルは類似するが、相違もまた大きい。また、ハングルの誕生は仮名よりはるか後ではあるが、右にみた徂徠や宣長の時代よりは先行している。仮名を論じる上で、有効な視点となるだろう。仮名と異なって、ハングルは、文字と音声との結びつきを強く意識し、発声を分析し、それを可視化して文字にしたものである。『世宗実録』二十五年十二月三十日（一四四四・一・一九）の条には、次のように記される。

是月、上親制諺文二十八字。其字倣古篆、分為初中終声、合之然後乃成字。凡干文字及本国俚語、皆可得而書、字雖簡要、転換無窮、是謂訓民正音。

この月、王はみずから諺文二十八字を制定した。その字は古篆にならい、初・中・終声にわかち、それを合してはじめて字となる。中国の文字と本国の俚語、どちらも書くことができ、字は簡単ではあるが、組み合わせは自在で、これを訓民正音と呼ぶ。

世宗《セジョン》は第四代朝鮮国王（在位一四一八〜五〇）、その二十五年は明の正統八年（一四四三）。実際の文字制作に当たったのは、鄭麟趾《チョンインジ》や中叔舟《シンスクチュ》など八人の学者であった。制定された当時は「諺文」、正式には「訓民正音」と称された。ハングルという呼称が現れるのは二十世紀になってからである。諺文の「諺」は、俗という意味で、正文である漢字に対して称されたものだ。一方、「正音」は、正しい音であり、その文字の原理が「音」にもとづくことをはっきり示している。文は諺、音は正というわけだ。

ただ、その文字が「古篆に倣《なら》う」と言明することについては、留意しておかねばなるまい。ハングルがパスパ文字（蒙古新字）の影響を受けたことは朝鮮王朝時代から指摘され、この「古篆」をパスパ文字のことだとする説もアメリカのレッドヤードによって唱えられているが〔鄭二〇〇九〕〔鄭・曹 二〇一三〕、むしろこの記述はパスパ文字などの表音文字の影響を隠すために書かれたのではないだろうか。一般に、「古篆」と言えば、金文などに見られる曲線的な書体である。ハングルは、隷書や楷書、あるいは草書や行書などの筆による書体ではなく、「〈筆を用いて紙に書く〉というありかたを拒絶して」〔野間 二〇一〇 一七二頁〕おり、その意味では「古篆」に近い。また、甲骨文字が発見されていない当時にあっては、金文は漢字の起源となる書体である。ハングルは、それにならうと宣言することで、文字としての正統性も確保しようとしたのではないだろうか。

訓民正音の思想

『世宗実録』の記事は、正統十一年（一四四六）に刊行された『訓民正音』解例本（図8）の鄭麟趾による後序の記述を踏まえている。念のために、それも読んでおこう。

有天地自然之声、則必有天地自然之文。所以古人因声制字、以通万物之情、以載三才之道、而後世不能易也。然四方風土区別、声気亦随而異焉。蓋外国之語、有其声而無其字、仮中国之字以通其用、是猶枘鑿之鉏鋙也。豈能達而無礙乎。要皆各随所処而安、不可強之使同也。

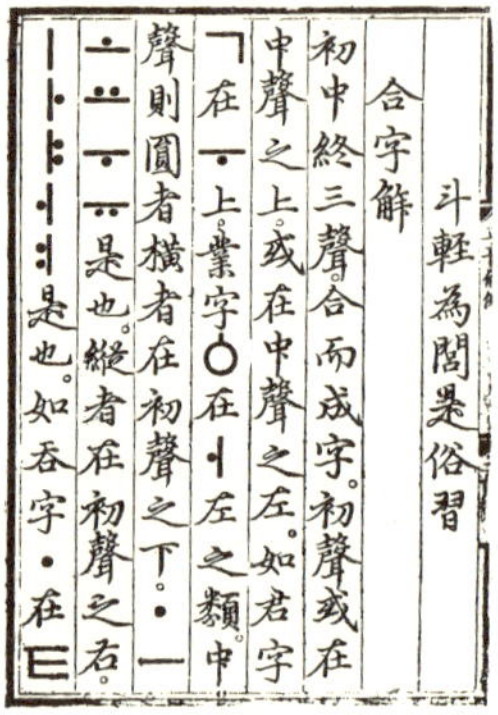
斗輕爲閭是俗習
合字解
初中終三聲。合而成字。初聲或在
中聲之上。或在中聲之左。如君字
ㄱ在ㅜ上。業字ㆁ在ㅓ左之類。中
聲則圓者橫者在初聲之下。ㆍㅡ
ㅗㅛㅜㅠ是也。縱者在初聲之右。
ㅣㅏㅑㅓㅕ是也。如呑字ㆍ在ㅌ

図８　『訓民正音』解例本
［姜　一九九三］より

天地自然の声があれば、必ず天地自然の文がある。したがって古人は声によって字を作り、万物のことがらに通じ、天地人の道理を載せたのであり、後世が改めるわけにはいかない。しかし四方の風土はわかれており、声気もそれによって異なっている。外国のことばで、声があって字がないものを、中国の字を借りてその用に通じさせているのは、ほぞと穴の形が合わないようなものである。さまたげなく通じるわけがない。それぞれに落ち着くところに従うべきで、強いて同じものを使わせるべきではない。

「天地自然之声」は、伝統的には「風之吹万物不同、天籟也。禽鳥啁哳、亦天地自然之声（風が万物を吹いてさまざまな音を立てるのは、天籟である。鳥がさえずるのも、やはり天地自然の声である）」（宋・周密『癸《き》辛雑識《しんざっしき》』別集下）とあるように、万物が奏でる音声であり、さらに正楽の基本となる五音（宮・商・角・徴《ち》・羽）がそれにもとづくとされる。

一方、「天地自然之文」とは、天文地文の語が示すように、万物が作り出す文《あや》であり、また「庖犧仰観俯察、画奇偶以象陰陽、変而通之、生生不窮、遂成天地自然之文（庖犧は天地を観察して、奇と偶を画いて陰陽をあらわし、それを変化させてすべてに通じさせ、生生して窮まらず、そのまま天地自然の文となった）」（明・宋濂「文原」）とあるように、古代の聖王である伏羲（庖犠）が天地自然をかたどって八卦を作ったという伝承に結びつくものでもある。

どちらも伝統的な中国の思考法にのっとっているのだが、声から文への展開が、「天地自然」を媒介として、あたかも当然のように行われていることには、注意してよい。さらに、「所以古人因声制字」とあるのに至っては、文字の起源に八卦、すなわち天地のかたちに依拠した記号をおく枠組みからは大きく外れていると見なせる。伝統中国における文字論は、基本的に声ではなく形を起源におく。象声ではなく象形である。しかしこの鄭序は、明らかに象声に起源をおいている。

その上で、中国の文字を用いて朝鮮のことばを表すことの不合理について述べている。風土が異なれば、声も異なるはず、それなら文字も違ってしかるべきだ。そしてこう続ける。

吾東方礼楽文章侔擬華夏、但方言俚語、不与之同。［…］昔新羅薛聡、始作吏読、官府民間、至今行之。然皆仮字而用、或渋或窒。非但鄙陋無稽而已、至於言語之間、則不能達其万一焉。

わが東方は礼楽や文章は中華に従っているが、土地のことばは、同じではない。［…］かつて新羅の薛聡が、初めて吏読《りとう》を行い、役所でも民間でも、今に至るまでこれを行っている。けれどもすべて借字で行っており、読み書きに滞ったり詰まったりする。こうしたやり方は卑俗で根拠がないばかりではなく、話されていることばにおいては、万に一つも通じないのである。

ここでは、中国の文章を朝鮮のことばで読むことの困難が言われている。吏読とは、七世紀の学者である薛聡《ソルチョン》が始めたとされる朝鮮語の漢字表記法で、語順は朝鮮語で、名詞や動詞の語幹の部分は漢語で書き、助詞や活用にあたる部分は朝鮮語を音もしくは訓によって漢字表記するという方法である。薛聡が吏読を考案したというのはあくまで伝承で、こうした技法自体は七世紀をさらにさかのぼり、薛聡はそれを整理したのではないかとされる［朴他 二〇〇七］。さらに、日本の万葉仮名の成立にも大きく影響したことが推察される。

しかし、万葉仮名がやがて片仮名や平仮名へと字体を変化させて可読性を高めたのに対し、吏読はそのような変化は生まず、あくまで漢字の借用を続けた。そのため、慣れなければ読みにくいものであり、日常のことばをただちに反映させにくいものでもあった。中華の文章でもなく、また、日常のことばでもない。「非但鄙陋無稽而已、至於言語之間、則不能達其万一焉」とは、そのような状態を言ったものであろう。

さらに、鄭序はこう続ける。

癸亥冬。我殿下創制正音二十八字、略掲例義以示之、名曰訓民正音。象形而字倣古篆、因声而叶七調。三極之義、二気之妙、莫不該括。［…］字韻則清濁之能辨、楽歌則律呂之克諧。無所用而不備、無所往而不達。雖風声鶴唳、鶏鳴狗吠、皆可得而書矣。

癸亥の冬、わが殿下は正音二十八字を創制し、例義を大まかに掲げて示し、訓民正音と名づけた。形をかたどっては字は古篆にならい、声にもとづいては七つの音階に適う。天地人の義、陰陽の妙、すべてを含んでいる。〔…〕字の発音は清濁を辨別することができ、音楽や歌は音階が調和する。何に用いても不足はなく、どのようなことも伝えられる。風の音や鶴の声、鶏の声や犬の声も、すべて書き表すことができる。

癸亥は正統八年の干支。「象形而字倣古篆」の「象形」は、制定された文字とその説明を見るかぎり、発声器官の形状をかたどったということになろう。それは、音声を象形するというきわめて独特の発想法によるものだ。文字制作の原理として、やはり象形は外せなかった。しかし、かたどるべきかたちは、音声が生まれる器官の形状であった。

パスパ文字などの表音文字を参照しつつ、また、「因声制字」のように文字制作の原理を転換させつつ、やはり伝統的な枠組みである象形は考慮される。文字の制作は、伏羲による易の卦の制作に匹敵する営みである以上、声にもとづいて字を作るにしても、その声のかたちをかたどらなければならない。反対に言えば、ハングルにこのような発想が可能となったのは、漢字の起源が象形におかれていたからにほかならない。ハングルは、漢字の伝統的な枠組みを梃子にして、発声器官のかたちを文字にするという破天荒の試みを為しえたのであった。

こうして定められた文字は、言語音声のみならず、あらゆる音声を表記することができる。風の音や犬の声も。文字と音声の合致を理想とする思考がここにはある。
だが、このような思考は、元朝（大元ウルス）で刊行された『蒙古字韻』の序にも、すでに見られていた。パスパ文字は、元朝の国字として、世祖（クビライ）がチベット僧のパスパ（パクパ）に命じて作らせた表音文字であり、至元六年（一二六九）に公布された。元朝の支配領域は広く、言語もさまざまであったため、それまでモンゴルで使われていたウイグル式モンゴル文字では用に耐えなくなってきたのである。契丹文字やチベット文字など、王朝による文字の制作にはすでに前例があった。『蒙古字韻』は、パスパ文字を漢字の音韻に対照させた書物で、朱宗文による校訂本の写本が大英図書館に蔵される。至大元年（一三〇八）の朱宗文の自序は、冒頭に次のように記す。

聖朝宇宙広大、方言不通。雖知字而不知声、猶不能言也。蒙古字韻字与声合、真語音之枢機、韻学之綱領也。

わが王朝の領域は広大、それぞれの地域のことばは通じない。字を知っていても音を知らなければ、しゃべることができないのと同じである。『蒙古字韻』は字と音とが合致し、まことに語音の枢機であり、韻学の綱領たるものだ。

それぞれの字は、それをどう発音するかを知らなければ、役に立たない。『蒙古字韻』は、最初にパスパ文字で一つの音節が記され、対応する同音の漢字がその下に列挙されるという体裁になっている（図9）。したがって、ここで言う「字」は、利用者によって、漢字ともパスパ文字とも、あるいはその両方を含むとも解釈しうる。表音文字はそれ自身が意味をもたないからこそ、音がわからなければ、何が書いてあるのかまったくわからない。パスパ文字を公定文字として普及させるためには、その字がどのような発音であるのか、別の文字によって示す必要がある。唐代以降、梵漢対照の経験はすでにあり、『蒙古字韻』もその系譜にあるものと言えるだろうが、しかしそれが公定文字として中国を覆わんとしているところが決定的に異なる。

また、同じくこの校訂本に付されている劉更《りゅうこう》による序の最初には、次のように書かれている。

趙次公為杜詩忠臣、今朱伯顔増蒙古字韻、正蒙古韻誤、亦此書之忠臣也。然事有至難。以国字写漢文、天下之所同也。今朱兄以国字写国語、其学識過人遠甚。

〔杜甫の詩の注釈を作った〕趙次公《ちょうじこう》は杜詩の忠臣であるが、いま朱伯顔《しゅはくがん》が『蒙古字韻』を増補し、蒙古韻の誤りを正したこともまた、この書の忠臣である。それでも事には至難というものがある。国字で漢文を写すのは、天下で同じく行われるところである。いま朱兄は国字で国語

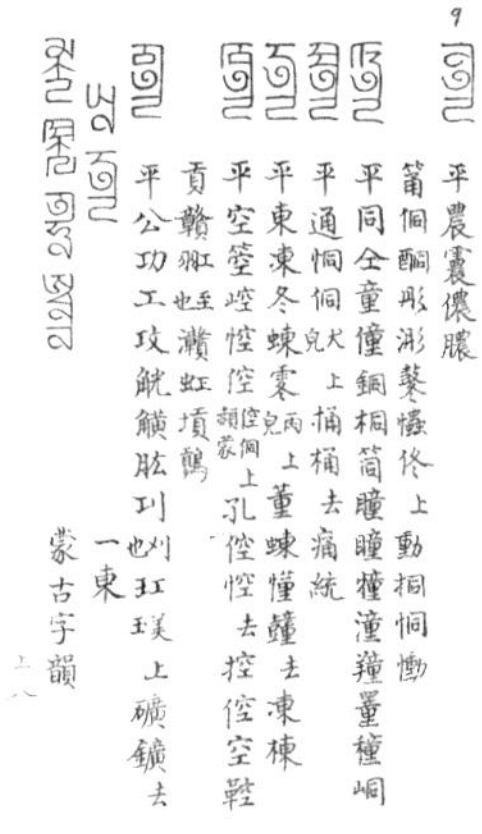

図9 『蒙古字韻』
［鄭・曹 二〇一三］より

を写しており、その学識は人に遠くまさっている。

ここで言う「国字」をパスパ文字のこととすれば、漢文をパスパ文字によって音写することは、天下に等しく行われている、ということになるだろう。実際、元朝では漢文とそのパスパ文字の音写を並列した碑文がしばしば見られる。しかしそうだとすると、次の「以国字写国語」とは、どのようなことを言うのか、わかりにくい。「国語」は、モンゴル語だろうか。それとも、モンゴル語から生まれた直訳体の漢語を指すのだろうか。いずれにしても、『蒙古字韻』の価値はパスパ文字と漢字が対照されているところにあるはずだから、パスパ文字でモンゴル語を表記したことがすばらしいと讃えるのでは、序としてふさわしくはない。

クビライの詔

ここの「国字」を漢字のことと考えてはどうだろうか。『元史』釈老伝には、パスパ文字の公布にさいして発せられた世祖の詔が次のように記載される［野上 一九七八］。

朕惟字以書言、言以紀事、此古今之通制。我国家肇基朔方、俗尚簡古、未遑制作。凡施用文字、因用漢楷及畏吾字、以達本朝之言。考諸遼金以及遐方諸国、例各有字、今文治寖興、而字書有闕、於一代制度、寔為未備。故特命国師八思巴創為蒙古新字、訳写一切文字。期於順言達事而已。自今以往、凡有璽書頒降者、並用蒙古新字、仍各以其国字副之。

朕おもうに、字は言を書し、言は事を紀す、これは古今の通制である。わが国家は北方に基《もとい》を始め、風俗は簡古をたっとび、新しい制度を定めるいとまはなかった。文字の使用にあたっては、漢字の楷書およびウイグル字を用いて、本朝のことばを表した。遼・金および遠方の諸国の事例を見れば、それぞれ文字があるのが通例である。いま文治がしだいに興っているとき、字書を欠くようでは、一代の制度として、まことに不備であろう。ゆえに特に国師パスパに命じて蒙古新字を作らせ、すべての文字を訳写させた。ことばにしたがってことがらを伝えようとするのである。これ以降、下される璽書は、みな蒙古新字を用い、それぞれその国字を添えるようにせよ。

モンゴル帝国治政下の諸国は、漢字を用いる中国だけではない。したがって、ここで言う「国字」は漢字のことである。パスパ文字が公定の文字であり、それに、その地域の字――中国であれば漢字を添えよというのだ。

劉序の「国字」も同じく漢字と解釈すれば、「以国字写漢文、天下之所同也」は、よりわかりやすくなるし、「以国字写国語」が「至難」であり「其学識過人遠甚」でなければできないことも、理解できる。「国語」とはパスパ文字で表されたことば、話されていることばということで、それに対応する漢字を並べたのが『蒙古字韻』だと劉更は理解したのである。

皇帝のことばはモンゴル語であり、帝国共通の文字と定められたパスパ文字で書かれた。それが直訳体の漢語に翻訳されて流通した。従来の文言とは異なった、口頭語の性格をもった直訳体である〔宮 二〇〇六〕。そうした言語状況において、いったんパスパ文字で書かれたものを漢字におきかえるのに便利な『蒙古字韻』は、「以国字写国語」と受け取られたのではないだろうか(8)。問題は、「字」と「語」であった。パスパ文字は、それ自体が「声」を表しているのだから、それがそのまま「語」なのであった。この発想は、すなわちハングルへと続く思考であろう。

ハングルの字形がパスパ文字に類似しているかどうかということではなく、元朝においてパスパ文字が制定され、帝国治下のさまざまな言語の表記に用いられたこと、それにともなって、漢字圏における多言語かつ多文字状況が促進されたことが、ハングル制定への流れを生んだ。その意味で、ハングルの制定は朝鮮半島に孤立した事件などではなかった。

崔万理の反論

国王が定めた訓民正音は、しかし朝鮮の知識人たちにすんなり受け入れられたわけではない。鄭麟趾と同じ集賢殿の副提学であった崔万理《チェ・マルリ》は、強い危機感をもった学者たちを代表して、反対意見を上疏した。そこにはこう書かれている。

我朝自祖宗以来、至誠事大、一遵華制。今当同文同軌之時、創作諺文、有駭観聴。儻曰諺文皆本古字、非新字也、則字形雖倣古之篆文、用音合字、尽反於古、実無所拠。

わが王朝は祖宗以来、至誠をもって大なる中華につかえ、ひとえに中華の制度に従ってまいりました。いま文章も制度も同じくしている時に、諺文を創作するとは、耳目を驚かしたのであります。諺文が古字にもとづくもので新字ではないと言われるならば、字形は古えの篆文にならったものだとはいえ、音を用いて字を合するとは、まったく古えに反するもので、まことに根拠がありません。

「同文同軌」とは、まさに同じ文明を共有するということであって、文字はその象徴であった。諺文は、音を組み合わせて文字とするものであり、古えの文字の原理に反するものだと崔は認識している。つまり、ハングルが形から音への転換を果たしていることを、逆の立場から、正しく見抜いていたということになる。

では、かれらも当然のことながら知っているパスパ文字などの試みはどうなのか。崔は一刀両断する。

自古九州之内、風土雖異、未有因方言而別為文字者。雖蒙古西夏女真日本西蕃之類、各有其字、是皆夷狄事耳、無足道者。

この天下のうちで、風土は異なってはいるものの、土地のことばによって別に文字を作った者などおりませぬ。蒙古・西夏・女真・日本・西蕃のたぐいは、それぞれ字がありますが、これはみな夷狄のことで、言うに足りませぬ。

ここには、漢籍を学ぶことによってその世界をわがものとした朝鮮知識人たちの意識が明確に表れていよう。かれらは、みずからが「九州」すなわち中国の天下のうちにあると考えている。蒙古や日本はその外である。先に「今当同文同軌之時」とかれが述べたのは、モンゴルの支配を脱し、再び漢民族の王朝として明が興っていることを指している。朝鮮王朝は明朝から冊封を受け、年号も明のものを使っている。

結局のところ、訓民正音の用途は限定的であったとせざるを得ない。もちろん、民衆のための文字として、漢字と併用されていたことは確かであり、漢字音の学習のためにも有効に機能した。近代にいたるまでまったく埋もれた存在であったというわけではない［野間 二〇一〇］。

しかし、それはパスパ文字のように、王の命令をすべてハングルで書き、かたわらに漢字を添えるなどというような事態は生まなかった。モンゴルが漢字を「国字」の一つとしたような相対化は行われず、中心たる文字としての漢字の地位は揺らがなかった。十九世紀末、東アジアの近代が始まるまで、かれらは漢字世界のなかに生き続けたのである。

仮名の世界

仮借から仮名へ

さてここで、話をまた日本にもどそう。

見てきたように、漢字圏において文字を言語とどのように結びつけて運用するかは、大きな問題である。日本では、訓読と仮名という二つの手法によって漢字を馴致し、みずからも漢字および漢字から派生した文字を用いた文を綴った。訓読についての検討は第三章に譲り、ここではもっぱら仮名について論じることとしたい。

仮名の発生は、すでに述べた仮借という漢字の表音的用法を展開したものである。もともとそれを表す文字のないことばを書き表すために生まれたこの技法は、漢字文の適用範囲を日常世界へと拡大するのに大きく寄与した。また、これまで聞いたことのない異域のことばを書き留めるためにもこの技法は有効であった。

仮名とは、漢字が汎用文字として用いられるために生み出されたこの技法によるものだ。たしかに、中国大陸で漢字文の汎用化と統一化が行われた時期における仮借と、漢字文と言語との対応関係が整序された後に、表音的用法であることを意識して行われた仮借とでは、位相の違いがある。「我」や「無」などの仮借が表音性を媒介にした表語機能と言うべきものであるのに対し、「卑弥呼」のような多音節の語の表記に用いられる仮借は、基本的に表音機能しかない[9]。

しかし注意すべきは、漢字における表音機能の重要性であろう。漢字の使用域の拡大が仮借という方法をつねに伴っていることや、最初は便宜的方法として用いられたものが結局は漢字の使用において不可欠の方法となることに着目すれば、仮借が必ずしも漢字にとって外在的な方法とは言えないことがわかる。また、仮借という技法の時代における位相の差を、漢字圏がどのように拡大していったかを測定する年輪として捉えることも可能になる。仮借は明らかに漢字圏拡大の動力となっている。

そして仮借は、日本列島において継続的な発達を遂げて、ことばそのものを表記するために用いられるようになった。いわゆる万葉仮名である。

万葉仮名

漢字によって倭語（和語）を表記する方法の総称としての万葉仮名は、一般には音仮名と訓仮名にわけられる。音仮名は、漢字音によって倭語を表記するもので仮借そのものだが、興味深いのは、訓仮名である。例えば、人名の「ありま」を「阿利真」と表記するのは、「阿」と「利」が漢字音を利用したものであるのに対し、「真」は漢字音のシンではなく、訓としてのマを使うわけだが、これが訓仮名である。そしてそれがおそらくは朝鮮半島に由来すること、日本では六世紀後半に築造された岡田山一号墳から出土した鉄刀の銘に「各田マ臣」の文字が見られ、「額田部臣」すなわちヌカタベノオミという固有名を示しているのが現存最古の訓仮名であることが指摘される［沖森 二〇〇九］。漢字の意味ではなく音の表記のために訓を用いているところに特徴がある。

もともと「訓」とは、「訓詁」の語に見られるように、漢字の意味を説明することである。古語を現在のことばで説明することも「訓」であり、漢字圏の拡大によって、漢字を現地語で解釈することも「訓」の延長として捉えられた。そして、現地語による解釈が個々の字について固定化すれば、それは意味であると同時に、現地語で読む時の音となる。

「真」が倭語の「ま」に当たるという訓が成立するというのは、倭語の音と意味が同時にその字と結びついたということである。裏返して言えば、文字を持たなかった倭語が、音と意味を同時に示す文字として漢字を利用したということになる。汎用文字としての漢字は、音と義とを一字で示すことが可能な文字（表語文字）であるが、その表語性を倭語において実現したのが「倭訓（和訓）」である。表語、すなわち形態素を表す文字であるためには、倭語の音はほぼ固定的に用いられねば、音声言語との対応関係が固定しない。原初的な仮借とは逆に、表語機能を媒介として表音機能を獲得したのが倭訓であった。

　倭訓が成立したことによって、今度は倭訓による仮借が行われることになる。伝統的な仮借の用法では、「真」という字は例えば六世紀から八世紀にかけて東南アジアに栄えた「真臘」（チャンラ）国の「真」のように使われるが、それに対して「阿利真」の「真」は倭訓のマを使った仮借である。漢字と倭語との距離がきわめて近くなっていたからこそ、その漢字の読み方が、もともとの漢字音だったのか、それとも倭語に由来する倭訓だったのかの区別が曖昧になっていたと見なすこともできる。これもまた文字と地域の音声言語との結びつき、すなわち現地化が急速に進んだことの顕著な例であろう。

　ただし、音仮名にせよ、訓仮名にせよ、万葉仮名は、真仮名とも言われるように、文字としては漢字をそのまま使ったため、固有名詞などの表記に限られていれば、漢字文の中にそれが交じっていてもそれほど読解に困難はないのだが、倭語に対応させる文章を書こうとして真仮名を多く用いると、漢字文としては全体のバランスが崩れて読みにくくなるという事態が生じた。和銅五年（七一二）、太安万侶が『古事記』の序で述べたのも、そうした困難を述べたものと考えられる［山口・神野志 一九九七］。

然上古之時、言意並朴、敷文構句、於字即難。已因訓述者、詞不逮心、全以音連者、事趣更長。是以今或一句之中、交用音訓、或一事之内、全以訓録。

いにしえにあっては、言も意も素朴で、文章にしようとしても、文字で表現しにくい。すべて訓によって述べようとすると、そのことばは言いたいこととずれてしまい、すべて音で連ねれば、叙述が長くなってしまう。そこで、いま一句のうちで、音訓を混ぜて用いたり、一事のうちで、すべて訓によって録したりしたのである。

漢字には、表語と表音の二つの機能がある。表音といっても、パスパ文字やハングルのように音素にまで分解できるわけではなく、音節単位にとどまり、そうなると、音節はしばしば形態素（意味をもつ要素）となりうることから、表語機能に目が向いてしまいがちだが、表音は漢字の重要な機能である。そして安万侶は表語と表音の間に佇んでいる。

「言意並朴、敷文構句、於字即難」とは、書記言語の秩序が確立していなかったことを指す。この序が書かれた八世紀、すなわち唐代の中国では、文言は文言として書記言語の秩序をもち、そのなかで意味が過不足なく交換されていた。何か書きたいことがあったとして、それをどのように綴ればよいか、共通理解があったのである。しかし、倭語の書記言語はそうではなかった。

ここでの「訓」は、訓仮名ではなく、倭語に対応する漢字(漢語)を用いたもの、すなわち表語機能を指しているが、その対応関係がまだ熟していないために、語と字の関係が不安定なのである。漢語の場合には、漢字の発音が口頭言語へのインデックスとなり、語と字の関係を支えることになる。第一章で述べたように、音声言語との結びつきによって、文字は表語機能を強固なものとする。だが、ここでの「訓」は、まだ音の支えを得ていない。その意味では表語ではなく表意である。

一方、「音」は、倭語を借音で直接表記する仮名ということになる。「訓」だけでは不安定だが、「音」だけでは書記言語とはならない。どちらか一方で書き記すことの困難を説いて、一字一音による「音」を混ぜつつ、全体としては「訓」を主にして書いたもの、それが『古事記』の文章であった。表音文字による表記システムが普及し、口語文が発達した現代の感覚からすれば、あるいはそこまで行かずとも、パスパ文字や訓民正音の発想であれば、すべて「音」で書いて「事趣更長」であっても不都合はないと判断されようが、八世紀の漢字圏における文字使用状況に即してみれば、それでは文章としての秩序を構成しないと思われた。文字と言語、すなわち文字列の世界と話しことばの世界は、接しつつも異なるものであった。

特権化される「音」

『古事記』の安万侶序については、第三章で別の角度から検討することとするが、ここで確認しておきたいのは、この一節の眼目が、文章そのものの困難を述べると同時に、ここに用いられた文字表現では表しきれない「言」と「意」が「上古之時」には存在していたと主張する点にもあると思われることだ。漢字という文字の秩序以前に、「言」と「意」が存在していたと主張することこそ、じつはこの一節の主眼ではないか。そして、その「言」と「意」に至る通路として、「訓」ではなく「音」があると考えられているのではないか。

よく知られているように、『古事記』における「音」表記は、神の名やうたの表記に特徴的に見られる。どちらもその音声が呪的効力をもつものとして機能していることが推察され、それはまた「上古之時」を象徴する(あるいは召喚する)音声であったとしてもよい。「訓」を用いれば「詞不逮心」であると言うのは、「訓」と対になって示された「音」による表記であれば、その弊は免れるとの期待を生む。文にならないものを覗く手だてとして「音」はある。「音」表記は、ここにおいて実用的なものから特権的なものへと転換する契機を得たと見なすことができる。

このことは、『万葉集』におけるうたの表記が、「訓」字を主体として部分的に「音」表記を交えるありかたが多数で、一字一音の真仮名で書かれているものがむしろ少数であることともかかわろう。音仮名であれ訓仮名であれ、それは朝鮮半島や日本列島においてかなり早い段階で実用化されてはいたものの、文字表記の中心に据えられることはなかったのである。もしそれを文字表記の中心に据えるのであれば、神の名であったり歌であったり、それが音表記でなくてはならないとする何らかの支えが必要であった。『万葉集』における一字一音表記がきわめて意識的に採用された方法であったのも、そのためである〔沖森 二〇〇〇〕。仮名が実用の便から生じたことは否定できないにしても、ある局面に至ってそれが特別なものへと転化したことに注意を向けなければ、日本語表記における仮名のありかたは理解できない。それは、パスパ文字やハングルを生んだ思考――字＝音への希求――につながるものだと考えられる。

仮名と草書

　漢字をそのまま用いる真仮名は、漢字の草書体にもとづいた草仮名へと発展する。しかしそれも、単純に書きやすいから、ということではなく、中国六朝における書写技巧の発展および王羲《おうぎ》之《し》などの権威ある書家の登場と大きくかかわっている。六朝期には、楷書と草書がはっきりとわけられ、それぞれに独自の技法が発展し、それによって書写される文字として両者は別の秩序を構成した。梁の庾《ゆ》肩吾《けんご》『書品』は、隷書（楷書）と草書を書の二つの主流としている〔興膳 二〇一二〕。そしてそれぞれの書体はどんな場合にも自由に用いてよいというものではなく、例えば公私の別に応じて楷書と草書を使い分けるなどの作法があった。音を表記するために草体を用いたのは、こうした基盤の上に立った一つの工夫であり、たんに漢字を崩したものではない。

　また、楷書と草書は、書写技巧としては上下はなく、むしろ両方の書体に通じていることが一流の書家に求められたことにも注意が必要である。すぐれた草書は「字之体勢、一筆而成、偶有不連而血脈不断、及其連者、気候通而隔行（字の体勢は、一筆で成り、連ならないところがたまたまあっても血脈は断絶せず、連なっている場合は、気韻が行を隔てて通じている)」(唐・張懐瓘『書断』)とされる。続け書きをする草書は、書の気を断たないがゆえにすぐれていたのである。唐の孫過庭《そんかてい》は『書譜』を著して王羲之の草書を称揚したが、その『書譜』もまた草書で書かれていたのであった〔福永 一九七二〕。すなわち、新しく誕生した草書という書体をうまく利用したのが草仮名だったのである。

表音を旨とすれば文字数は飛躍的に増えることとなり、実際にも草書を用いるほうが合理的だったという側面も当然ながらあろう。片仮名のもととなった略仮名もまた、同じく漢字との弁別性と書記における実用性によって、漢字の略体から生じたのであり、機能面において両者は共通する。どちらも文字として漢字とは別の秩序を構成し、草仮名がさらに崩されて平仮名になり、略仮名は片仮名へと進んだ。

実用という側面から見れば、仮名はあくまで言語音声表記のために特化された漢字の一書体なのであって、それ以上でもそれ以下でもない。すべての仮名は、原則としてもとの漢字に変換することが可能である。また、仮名であれば必ず和文というわけではない。略仮名は漢文を倭語の音声として読むための補助記号であり、草仮名で漢字音を表記する例も多くある。平仮名や片仮名が広く用いられるようになってからは、漢字音を学ぶためにまず仮名を学習するというシステムができたのも、仮名の音声表記機能を活かしたものだ。

仮名と和漢

一方で仮名は、漢字表記の補助に留まらず、漢字表記に対置される存在として、それ自体の世界を作った。その対置性は、草仮名から平仮名に至る流れにおいて顕著であろう。

先に述べたように、仮名で表記すること、つまり表音式で書くことは、文字と言語との間の直接性を保証するものとして特権的な性格を帯びる契機を有していた。そしてその特権性が、仮名と漢字を対照させて、仮名を和、漢字を漢とし、あたかも和漢の二重性が存在するかのように見なす視線を生んだのである。そしてその二重性は、『古事記』における「上古之時」が一つの仮定としてしか存在しないように、仮構と呼ぶべきものである。

仮構としての二重性は、さまざまな局面で演出されることになる。『古事記』のうたについて見れば、真仮名にうたを担わせることで、漢字文の世界にうたの世界を対置することが可能になる。もちろん、記されたうたは、漢字の仮借用法によって表記された文字列でしかないわけだが、表記された世界の内部においては特権的な存在であるかのように機能した。わざわざ序において「音」と「訓」の対比を述べるのは、この仮構と無縁ではない。

さらにそれが進めば、草仮名の特権化となる。草仮名に和語を担わせることで、和なるものの文字化とその定着が図られる。平仮名の誕生は、よく言われるように、「和」の誕生でもあるが、しかしそれは、「和」なるものが自然と平仮名を誕生させたのではなく、漢字という文字を変形し、それに対置させることでようやく成立したものであることを忘れてはならない。

こうした草仮名から平仮名に至る流れに対して、略仮名から片仮名に至る流れは、あくまで漢字文の補助記号としてふるまい、和漢の二重性という仮構においては、しばしば漢の側に立つことになった。近世後期には西欧語の受容においても重宝され、明治以降における外来語表記の源流ともなったことも、よく知られていよう。しかし、そうした片仮名の実用的側面もまた、固定したものではない。平仮名であれ片仮名であれ、漢字圏における表音表記は、実用的側面にかかわる層と、文字と言語との関係にかかわる層との複層性があることに留意しなければならない。言い換えれば、漢字の読み書きができない者のための文字としてという側面と漢語では表現できないことばをあらわすための文字としてという側面である。

たとえば鎌倉時代の僧侶である慈円（一一五五～一二二五）は、史論書である『愚管抄』を仮名書きすることについて、その巻七で以下のように述べる［岡見・赤松 一九六七］。

コレダニモコトバコソ仮名ナルウヘニ、ムゲニヲカシク耳チカク侍レドモ、猶《なほ》心ハウヘニフカクコモリタルコト侍ランカシ。ソレヲモコノヲカシクアサキカタニテスカシイダシテ、正意《しやうい》道理ヲワキマヘヨカシト思テ、タヾ一スヂヲワザト耳トヲキ事ヲバ心詞《こころことば》ニケヅリステ、世中《よのなか》ノ道理ノ次第ニツクリカヘラレテ、世ヲマモル、人ヲモル事ヲ申侍《まうしはべる》ナルベシ。モシ万ガ一ニコレニ心ヅキテコレコソ無下ナレ、本文少々ミバヤナド思フ人モイデコバ、イトヾ本意《ほい》ニ侍ラン。［…］ムゲニ軽々《かろがろ》ナル事《こと》バ共《ども》ノヲヽクテ、ハタト・ムズト・キト・シヤクト・キヨトナド云《いふ》事ノミヲホクカキテ侍ル事ハ、和語《わご》ノ本体ニテハコレガ侍ベキトヲボユルナリ。訓《くん》ノヨミナレド、心ヲサシツメテ字尺《じしやく》ニアラハシタル事ハ、猶心ノヒロガヌナリ。真名《まな》ノ文字ニハスグレヌコトバノムゲニタヾ事《こと》ナルヤウナルコトバコソ、日本国ノコトバノ本体ナルベケレ。

この本は仮名で書いてある上に、ことばづかいも卑近だが、道理をわからせるために、こうしたわかりやすさを選んだと慈円は言い、もしこれに飽き足らず、古典を直接読んでくれるのなら、それこそ本意だと述べる。一方で、そういうふうにして用いた「ハタト・ムズト・キト・シヤクト・キヨト」などの軽々しいことばこそが、じつは「和語ノ本体」なのではないかとも言う。漢字を訓読みするようなことばは、漢字にしばられて広がらない。「真名ノ文字ニハスグレヌコトバ」「ムゲニタヾ事ナルヤウナルコトバ」、つまり漢字で書いてもすぐれたことばとは思えないような、何の変哲もないようなことばこそ、「日本国ノコトバノ本体」だと言うのである。

わかりやすさを言いながら、同時にそれが和語という意識に結びつく。仮名をめぐるこうした二重性は、漢字を難解かつ外来のものと見なす視線をちょうど反転させて成立している。

文字と文化意識

和習と仮名は、どちらも日本独特のものだと考えられがちな事象である。しかし、漢字圏における文字と言語のありかたを広く見晴らすならば、それは必ずしも日本固有のものなどではないことがわかる。漢字で文章を書くこと自体にあらかじめ内包されたメカニズムなのである。

しかし、それを指摘するだけでは充分ではない。日本固有のものではないにもかかわらず、なぜ日本固有のものとして認識されつづけてきたのか。それにもやはり理由はある。

漢字圏において必然的にもたらされる文字と言語の距離は、それが意識されるようになると、文字と言語とのあいだに距離の存在しない直接性への希求をもたらす。その希求がどのようなかたちで具現化するかは、それぞれの時代や地域の特性によって異なるだろう。パスパ文字も訓民正音も、文字と言語の一致をめざしたものであった。そして、パスパ文字は多言語を処理しうる文字として構想され、訓民正音は音声をかたどる文字として構想された。

日本においては、文字到来以前の日本を形象化し、そこへの希求をもたらすものとして、仮名が位置づけられていった。平仮名は、漢字を学習する前の段階に学ぶべき文字であると同時に、心に直接とどくことばを表す文字ともなった。そこに、心のことばとしての和語という概念が形作られ、自然にしてあるがままの日本という観念が成立したのである。

補助的に成立した仮名が広く長期にわたって使われてきたのは、こうした仮構が早くから成立したからだと思われる。和歌や仮名文学の発達は、たんに仮名使用の継続性を保証しただけではなく、和漢の対比のうちに、仮名が漢字とは別の秩序をもつ文字であることを示した。

近代になってハングルが広まった最大の理由が、民族の象徴として捉え直されたことにあるのを否定する人は少ないだろう。逆に言えば、韓漢の対比というようなものの中に訓民正音が位置づけられていたなら、その普及はもっと早くから進んでいたのかもしれない。漢字圏における文字と地域言語との関係は、その地域における文化意識をぬきにして語ることはできない。

第三章　文字を読み上げる——訓読の音声

訓読と翻訳

かつては日本独特の技法として捉えられがちであった訓読も、近年では漢字圏に普遍的な現象であることが認められつつある〔金 一九八八〕〔金 二〇一〇〕〔中村他 二〇〇八〕〔中村他 二〇一〇〕。本章では、そうした研究成果をふまえた上で、事象の指摘にとどまらず、それを生み出したメカニズムはどのようなものであったか、また、訓読という現象が漢字圏において広く見られるにせよ、それが日本においてのみ長期にわたって継承され、定着したのはなぜかについて、考えることとしよう。

訓読は、まず何よりも、漢字世界における文と言の関係、すなわち書かれたものと話されたものとの関係として捉える必要がある。一般的に、訓読は翻訳の一種もしくは亜種として考えられることが多いが、翻訳（口頭言語間の通訳）と訓読（書記言語の現地化）を同じ行為として捉えてよいのかどうか、まず問われるべきであろう。近代の言文一致文体は、口頭言語と書記言語との距離を短くし、両者に本質的な差異を見いださないことを前提として成り立ち、訓読を翻訳の一種と見なす考えもまた、こうした観念を背景にしている。すなわち現代の翻訳論は、近代ヨーロッパの言語観と言文一致文体（近代文）を前提とした理論であって、そもそも訓読のような行為を想定していない。

現代の私たちは、文と言との距離が歴史上きわめて短い時代に生きているために、文と言との関係についてそれほど意識することはない。話されたことばは、ある程度の整頓を加えればそのまま文章になってしまう。もちろん文章には文章なりのルールがあり、整頓の度合いもさまざまだが、過去においてそうであったほどには、文章と口語は異ならない。

しかし近代以前の漢字圏においては、漢字によって書かれた文章（書記言語）とそれぞれの地域において話されることば（口頭言語）は、一定の距離を保っているのが通常であった。より正確に言えば、書記言語は階層化されており、そのうちでも正格とされる文章（古典文）は口頭言語とは必ず距離を保っていた。口頭言語に近い文章、すなわち白話や仮名文やハングル文は、その近さゆえに、正格とは見なされなかった。

訓読は、そのような世界であってこそ生まれた行為である。それは、そこにある文字の連なりを読み手の言語とどのように関連付けて読むかという行為であり、いわば書かれたもの（文章）と話されるもの（言語）との乖離が前提となっている。その意味において、訓読は、翻訳とは異質なものをその核に有している。翻訳とは、端的に言えば言語と言語のあいだの変換であり、文字という因子はなくてもその行為は成り立つ。英語から日本語へ、日本語から中国語へ、そうした言語上の変換がすなわち翻訳であるとの説明に反対する人はいまい。

たしかに、訓読を翻訳と見なす考え、すなわち何らかの変換がそこで行われているとする考えには、一定の効用がある。なぜなら、伝統的な訓読は、漢文を読み上げる技法としてのみ扱われることが多く、それが原文の意味を過不足なく伝えていると誤解され、訓読によって意味の対応だけではなく変換が行われる可能性があることに無自覚である場合が少なくないからだ。

しかし、そこにあるのは単純な意味の対応や変換なのだろうか。訓読を翻訳と捉えれば、それは意味の変換となろうが、訓読はむしろ文字列を契機とした意味の創出という行為であるように思える。訓読＝翻訳としてしまうと、その過程が見えにくくなるのではないか。このことを明らかにするために、まず、訓読を翻訳と見なす議論について検討を加えることとしよう。

荻生徂徠の訓読論

典型的な例として、荻生徂徠の訓読論について考えてみよう。それは、文字と言語の距離を言語と言語の距離に置き換え、訓読を翻訳の問題に接続させることによってもたらされた訓読の前景化であった。『訳文筌蹄《やくぶんせんてい》』題言の第二則には次のように云う[10]。

> 此方学者、以方言読書、号曰和訓、取諸訓詁之義、其実訳也、而人不知其為訳矣。古人曰、読書千遍、其義自見。予幼時、切怪古人方其義未見時、如何能読。殊不知中華読書、従頭直下、一如此方人念仏経陀羅尼、故雖未解其義、亦能読之耳。若此方読法、順逆迴環、必移中華文字以就方言者、一読便解、不解不可読。信乎和訓之名為当、而学者宜或易於為力也。但此方自有此方言語、中華自有中華言語、体質本殊、由何脗合。是以和訓迴環之読、雖若可通、

実為牽強。

「此方」すなわち日本の学ぶ者は、「方言」つまりこちらの土地のことば、つまり和語で書を読むことを「和訓」と言っていて、それは「訓詁」すなわち文字の解釈という意味の語から取ったものだが、実際は「訳」なのであり、しかも人々はそれが「訳」であることを知らない、と徂徠は云う。第二章で述べたように、「訓詁」はもともと語義のわかりにくい古語をより平易な語で解釈することで、形式としては、ある字を別の字で説明することが多い。たとえば、「流、求也」(『毛詩詁訓伝』周南「関雎《かんしょ》」)は、ここで使われている「流」という字をより一般的な字で解釈すれば「求」となる、ということ。それに対して「和訓」は、漢字を和語すなわち現地語で解釈することである。どちらも解釈という点では同じなのだが、徂徠は、「訓詁」は漢字と漢字、つまり同一言語間での解釈であり、「和訓」は異言語間での解釈だという点で違う性質のものだとする。

さらに徂徠は、書を千遍読めば、その意味はおのずとわかる(「読書千遍、其義自見」)とはどういうことか、幼時にはわからなかったと続ける。(11) 意味がわからないのに読めるはずがなく、読めればわかっているはずだと思ったからである。しかし後になって、中華では文字列をそのままの順序で読み、意味がわからなくても読めること、それに対して、日本では中華の文字をこちらの言語の語順に直して読むために、意味がとれなければ読めないことに気づく。「此方」において「中華」の文字を読むためにとられる「和訓」という方法は、文字列を「方言」すなわち和語の順序に組み直すことを求め、そのためには文字列の解釈が前提となる。それゆえ「読めば解る（一読便解）」し、「解らなければ読めない（不解不可読）」。「訓」とはもともと文字の解釈のことだから（「取諸訓詁之義」）、文字列の解釈が不可避である点で、和語によって漢籍を読むことは「和訓」と称してもっともであるし（「信乎和訓之名為当」）、学ぶ者にも適切もしくは容易な方法である（「学者宜或易於為力也」）。しかしそこに止まっては不十分だと徂徠は考える。読むべき漢籍の文字列はあくまで「中華言語」のものであり、それを「此方言語」のシンタクスに従って読む「和訓迴環之読」という方法によって解釈するのでは、通じているようでいて、じつは無理がある（「雖若可通、実為牽強」）。そもそも「訓」とは実は中華の言語から日本の言語への変換のことなのだから（「其実訳也」）、「訓」ではなく「訳」に徹するべきだというのが徂徠の主張である。

徂徠は「訓」を不完全な「訳」として位置づけることで、人々をより完全な「訳」へ進むよう促した。第四則では、「和訓」と「訳」に違いはない（「曰和訓曰訳、無甚差別」）とも言う。違いがあるとすれば、「和訓」が古代の貴人の口から出て朝廷で読誦されたものであり、卑俗を排した雅言だという点のみにある（「但和訓出於古昔搢紳之口、侍読諷誦金馬玉堂之署。故務揀雅言、簡去鄙俚」）。

但し書きとは言え、「出於古昔搢紳之口」や「侍読諷誦」のように、文字列を一定の音声に結びつけることが「和訓」を生んでいるという認識は徂徠にもある。和語で漢文を読む「和訓」という行為において「解」と「読」が不可分となっている淵源はここにある。「読」は発音であり、

「解」は意味である。「訓」においては、発音が重要な意味をもつ。現代の翻訳理論は、音声についてはほとんど顧慮しないが、それは黙読を前提とした近代言語観のもたらすところでもあろう。しかしながら、徂徠は「和訓」から「侍読諷誦」を引いた「訳」を目指す。彼の力点は「解」にあって「読」にはないのである。よりよき「解」を求めて、「読」を伴う「訓」に頼らず、「中華言語」と「此方言語」との相違を明確に意識した「訳」による「解」を求める方向へ彼は進む。そうなると、文字列を音声化する「読」という行為なしに、書物はどのように扱われるのか。その答えは「看書」であった。第六則に云う。

中華人多言、読書読書。予便謂読書不如看書。此縁中華此方語音不同、故此方耳口二者、皆不得力。唯一双眼、合三千世界人、総莫有殊。一渉読誦、便有和訓、迴環顛倒。若或従頭直下、如浮屠念経、亦非此方生来語音、必煩思惟、思惟纔生。縁何自然感発於中心乎。

書は読むものでなく看るものだ（「読書不如看書」）。「中華」と「此方」では「語音」が異なる以上「此方」の耳や口は役に立たない。しかし眼は違う。これならば中華と日本で、いや全世界で異なることはない。字は字として同じ形に見えるはずだ。しかし「読誦」してしまうと、和訓や返読によって、直接性が損なわれるし、仏経のように音読しても、生来習得した音声ではないから、どうしても頭で考えることになる。そうなると、やはり直接性が損なわれてしまい、心に動くものが得られない。徂徠はそのように云うのである。

現地語による「読」を排除し、文字そのものを直接に「解」することこそ、徂徠の「訳」が目指したものであった[12]。「読」の放棄による「訓」から「訳」への転換。その前提として、書物はすべて文字、文字はすべて中華の言語（「蓋書皆文字、文字即華人語言」（第三則））という認識があった。文字が言語そのものであれば、それを音声化せずとも、文字から直接「訳」を生み出すことができる。文字が言語そのものであれば、文字すなわち中華の言語と日本の言語は等価となり、翻訳可能となる、と言い換えてもよい。眼光紙背に徹してこそ真正の訳は得られる（「訳之真正者、必須眼光透紙背者始得」（第六則））。ここには文字の音声化という問題は存在しない。徂徠による訓読否定の核心は、実にこの点にこそある。そして、音声を介在せずに意味を取り出すことが可能だという認識は、近代の翻訳論と通底する。

徂徠は、古代の聖賢の文章は聖賢のことばそのままだと考えていた。もちろんこれは徂徠だけの認識ではない。そもそも「読書」すなわち読誦の重要性を説いた宋学がそうであった。たとえば朱熹は、「「耳順心得、如誦己言」、功夫到後、誦聖賢言語、都一似自己言語（「耳にしっくりきて心から理解し、自分のことばを誦しているかのようだ」とあるが、努力がきわまれば、聖賢のことばを誦しても、まるで自分のことばのようになるものだ）」（『朱子語類』巻十「読書法」上、第九五則〔興膳他 二〇〇九〕）と云う。「耳順心得、如誦己言」は尹焞《いんとん》の読書についてその門人が評した語、朱熹はそれを引いて弟子に説いた。経書の文章がそのまま「聖賢言語」だと考えていた証に他ならないであろう。そこでは「文字」と「言語」の距離は考慮されない。だからこそ、徂徠も指摘するように、「読書」すなわち文字列を読み上げることが聖賢に近づくための最上の方法として強調される。

こうした認識を額面通りに受け取れば、経書の文章は当時の口頭言語に近いものであると見なすことになる。もしかすると現在でも、一般には漠然とそう考えられているのかもしれない。しかし果たして文章とは口頭言語を書記表現化したものであったのだろうか。また、ここで言われる「誦」とは、ことばを口に出すことをただ指すのであろうか。歴史を大きく振り返って考えてみよう。

『論語』のリズム

文字の言語化

言語はもちろん文字に先立って存在する。言語のない社会は存在しないが、文字のない社会はある。そのため、文字は言語を表すために生まれたと考えられることが少なくない。たしかに、通念として文字が記号一般と区別されるのは、それが言語と緊密な関係を結んでいるかどうかにある。文字は一定の秩序で配置された文字列となって初めて記号ではなく文字として認識され、その配置の秩序は言語と何らかの関係を結んでいることが通例であろう。しかしそれは文字が言語のために存在しているということをただちに意味するわけではない。

端的に言えば、文字列の秩序が言語のシンタクスと相似形を為しているのは、日常用いている言語のシンタクスに文字列の配置ルールを従わせるのがもっとも効率的だからである。複雑に組み合わされた意味を表す文字列を理解するためには、文字列の配置ルールを理解しなければならない。そのためには、すでに習得している言語のシンタクスに準拠させるのが間違いない。これはちょうど徂徠が感じた「和訓」への違和感と表裏を為すものである。けれども、文字列の秩序が言語のシンタクスを模していることは、それが話されている言語そのものであることを当然ながら意味しない。また、話されている言語を表記するために文字が生まれたということを意味しない。

第一章で述べたように、甲骨文字で書かれた文章は、卜占の日付と執行者の名（前辞）・卜占の内容（命辞）・卜兆の判断（占辞）・卜占の結果（験辞）という構成を有し、動詞の後に目的語を配置するなど文言（古典文）と同様のシンタクスをもち、異体の多い字形を金文などの後代の文字から類推して解読できさえすれば、意味を取ることはできる。

しかしそれらの文章をどのように音声化しうるかという点について言えば、きわめて困難だとせざるを得ない。形声字のように音を類推できる字は少なく、韻文を記録したものとは考えられないから、韻律によって当時の音を再構する手段も欠いている。文字と口頭言語の距離は遠かったと言うべきであろう。

すでに概観したように、金文から戦国諸国文字へと展開する過程において口頭言語との対応を強めながら、文字は文字としての表記システムを確立し、中国大陸の大部分を覆う一つの大きな圏域——漢字圏が形成された。そこでは多くのことばが文字化され書籍化された。儒家の経書、諸子百家の書、歴史と説話を記す書が、簡牘などの媒体に書かれ、収蔵され伝播した。文書行政による統治によって形成された漢字圏は、同時に漢籍の流通圏であった。

この圏域において重要な役割を果たしたのが士と呼ばれた階級であることについても、すでに述べた。そして、文字と口頭言語との関係についても、彼らが果たした役割は大きい。統治を担う臣下として王に仕えるためには、文書の読み書きができるだけでなく、自らの考えを王に訴える弁舌の技術も要求された。戦国期に活躍した諸子百家の書物は、問答によって説得を試みる形式が多くとられ、口頭による弁舌に相応する文体が確立されている。『尚書』など、それ以前の文体を伝える書物に比べて、彼らの書物がはるかに理解しやすいものとなっていることは、誰の目にも明らかだろう。語気や抑揚を与えるための助字が多用された文体は、以後の古典文にあっても継承された。

儀式の言語

しかし、だからといってこれらが彼らの日常言語をそのまま写したものだと考えるわけにはいかない。『論語』の文章を思い浮かべても、対句を多く用いたり、リズムへの配慮があったり、その文体は相当に整えられていることがわかる。冒頭の「子曰、学而時習之、不亦説乎。有朋自遠方来、不亦楽乎。人不知而不慍、不亦君子乎」は、音声で読み上げられたに違いない文体ではあるが、日常語そのままではない。「而」や「不亦…乎」などによってもたらされる抑揚は、一定の形式を有した、いわば口上としての口頭言語のものである。中国古典文の基本的な文体は戦国期に形成されたものであり、それはたしかに文字の言語化によって生まれたと見なしうるけれども、その言語化の実相を考えるためには、こうした口上としての口頭言語を視野に収めておかなければなるまい。

じつは、口頭でのことばを直接話法として記録する形式をとる文体は、何も諸子百家に始まるわけではない。王の言行録である『書』（『尚書』）はむろんのこと、青銅器に鋳込まれた銘文にしても、最初はその製作の由来をただ記録するものであったのが、次第に王や臣下のことばを「曰」として引用する形式が増大していったことが指摘されている〔松井 二〇〇九〕。これらの銘文は、官職を授ける冊命（策命）の儀礼などを再現的に記すものであり、それらの儀式において口頭で発せられることばは、日常言語とは異なる効力をもつものであった。「冊命をめぐる諸行事では、儀式の場で発せられる言葉が大きな力を具えていた。〝命〟の内容も周王の言葉として発せられて始めて効力を持ち、祝辞もまた、参会者たちが大きな声で合唱したものなのであろう。儀礼の中心が書かれた冊書の授受であるにしても、後世の、いわば沈黙の文書伝達行政とは、その場の性格が大きく異なっていたのである」〔小南 二〇〇六 一四七頁〕。直接話法としての「曰」は、こうした儀礼的な口頭言語を記すところから始まったのであり、「祖先祭祀に供される青銅器に鋳込まれた王のことばもまた、ただ単に事実を書きしるした記録として黙読されていたのではなく、作器者の政治的地位の有効性が確認された儀礼の場を再現（再演）するものとして、何度も声に出して読まれた」〔松井 二〇〇九 一七三頁〕と推測される。ここには「読」という行為の起源と核心が示されているであろう。口頭で発せられた特別なことばが文字のかたちで伝えられ、それがまた口頭で読まれることで、その効力を発揮するのである。

弁舌の言語

さて、諸子百家たちの弁舌もまた、一つの技術として、日常の会話とは異なる発声や抑揚を伴うものであったことは、想像に難くない。『論語』の冒頭の文にしても、「不亦…乎」を三たびたたみかける形式は口頭で発せられたことばであることを強く感じさせるものであるが、しかしこの口頭性は、日常の口頭言語のものではなく、やはり演技的性格を有するそれである。たとえば子路篇の次の問答を見てみよう。

子貢問曰、何如斯可謂之士矣。子曰、行己有恥、使於四方、不辱君命、可謂士矣。曰、敢問其次。曰、宗族称孝焉、郷党称弟焉。曰、敢問其次。曰、言必信、行必果、硜硜然、小人哉、抑亦可以為次矣。曰、今之従政者何如。子曰、噫、斗筲之人、何足算也。

子貢が問う、どんな人であれば士と言えるのか。子が言われるには、恥ずかしくない行動を取り、諸国に使いし、君命を辱めることがない、それでこそ士と言える。その次の条件をお尋ねいたします。同族から孝と称され、近隣から悌と称される者だ。その次をお尋ねします。言ったことは守り、行動は果敢な者であり、円満ではない小人だが、次に位置する者としてもよいだろう。いま政治を行う者はいかがでしょうか。子が言われるには、ああ、器量の狭い連中など、挙げるにも及ばない。

この章を読んでまず気づくのは、孔子の答えが、最初は四字句、次は五字句、その次は三字句、最後は四字句のように整えられていることである。また、「宗族称孝焉、郷党称弟焉」と「言必信、行必果」は明確な対句になっている。「敢問其次」という問いが繰り返されるのも、章全体のリズムを構成している。一方で「何如斯可謂之士矣」や「抑亦可以為次矣」など、助字をふんだんに使ったことばは、問答の臨場感を高めるのに効果を発揮し、最後には「噫」という嘆息まで付け加えられている。「何如斯可謂之士矣」の句は子路篇の別の章にも見え、常套的表現であったと推察される。それは孔子の教えの場における演技的問答のことばであり、それに習熟することも士としての重要な要件であった。「使於四方、不辱君命」の語は、それ自体が整えられたことばであると同時に、士には使節として整えられたことばを発声する職務があることを示している。

子路篇には、「使於四方」の語を含む章がもう一つある。

子曰、誦詩三百、授之以政、不達、使於四方、不能専対、雖多、亦奚以為。

子が言われた、『詩』三百篇を暗誦していても、行政をやらせるとうまく行かず、四方に使いをしても、自己の判断で応対できないようでは、多く憶えていても、何にもならない。

このように孔子が言うのは、『詩経』の詩句がただ暗誦しておけばよいものではなく、応用すべきことばの集積であると考えられていたことによるであろう。邢昺《けいへい》は「古者使適四方、有会同之事、皆賦詩以見意（いにしえは使者が諸国に赴き、諸侯の会合があれば、詩を賦して意思を述べた）」と解説し、実際に『春秋左氏伝』などの文献に徴すれば、その例には事欠かない。それを踏まえるなら、そうした外交の場において臨機応変に『詩』の句を使えることが「専対」であったと考えられる。また、「授之以政」とは、文書や布令によって統治の実務を行うことであろうが、それが「不達」というのもまた、『詩』のことばを文書作成の現場において使いこなせていないことを意味しよう。

『詩』のことば

『詩』は四字句を基調とする韻文であり、古代においては最も整えられた音声言語である。それを自在に使うことが士には求められるのであり、その修練として読誦はあった。孔子が子の伯魚に向かって述べた有名な句、「不学詩、無以言（詩を学ばなければ、ものが言えない）」（季氏篇）もまた、その「言」がいかなるものであったかを示唆する。公の場できちんとしたことばを発することが「言」であり、儀礼におけることばを受け継ぐものであろう。孔門四科の一つ「言語」が弁舌のことであるのも、ただしゃべるのがうまいということではなく、整えられたことばを臨機応変に用いる能力を指していると考えられる。

「言語」に優れているとされた子貢は、『詩』衛風「淇奥《きいく》」の句「如切如磋、如琢如磨」を用いて孔子に答え、「賜也、始可与言詩已矣。告諸往而知来者也（賜［子貢の名］よ、お前となら『詩』を言うことができる。往を告げれば来を知る者だ）」（学而篇）と賛嘆させている。また子夏にも、次のような話がある（八佾《はちいつ》篇）。

子夏問曰、巧笑倩兮、美目盼兮、素以為絢兮、何謂也。子曰、絵事後素。曰、礼後乎。子曰、起予者、商也、始可与言詩已矣。

子夏が問う、「巧笑倩《せん》たり、美目盼《はん》たり、素《しろ》を以て絢《あや》と為す」とは、何を言いたいのですか。子が言われるには、絵というものは白い色を後にするものだ。なるほど、礼が後ということですね。子が言われるには、はっとさせられたよ、商（子夏の名）よ、お前となら『詩』を言うことができる(13)。

子夏が引いた句のうち、「巧笑倩《せん》たり、美目盼《はん》たり」は『詩』衛風「碩人」の句、笑顔は愛らしく、目もとはすずやかに。それに続く「素《しろ》を以て絢《あや》と為す」の句は、いま伝わる『詩』には見えないが、白粉《おしろい》が美しさの仕上げ、と解されよう。

どちらについても、「与言詩」の句は、ともに『詩』について語ると解釈されることが一般である。『詩』の何たるかをわかっている者ということだ。しかし、ここでいう「言詩」とは、むしろ直接に『詩』の語句を唱え用いることであり、「与言詩」とは、『詩』を誦して応答を交すということではないだろうか。特別なことばとしての『詩』の句を適切に用いることができてこそ、「可与言詩」の評価は与えられた。三百篇を暗誦できるだけではだめなのである。

雅言

さらにまた述而篇には、「子所雅言、詩書執礼、皆雅言也（子が雅言されるのは、詩書執礼、すべて雅言である）」と述べる章がある。「詩書執礼」が経としての『詩』『書』『礼』であることはどの注釈でもおおむね一致するが、「雅言」については、古注と新注では解釈が分かれる。鄭玄の注では、敬避による読み替えをせずに正しい音で読んだと解し、朱熹の注では、つねに言う、いつも話題にしたと解する。あるいは「雅言」を孔子の出身である魯の音ではなく、周の王都の音で読んだという説もある（劉宝南『論語正義』巻八）。それぞれに論拠はあろうが、これまで述べたことからすれば、正しく整えられた音調で読み上げたとも解釈されよう。

すでに見たように、『詩』の句が外交を始めとする公の儀礼の場で誦されたことは疑いなく、『書』もまた儀礼における王のことばを多く含むものである。『礼』はむろんのこと儀礼と深くかかわっている。つまりいずれの書物も、儀礼の場におけることばの集積として用いることができるものだ。五経のうち『易』と『春秋』がここに挙げられていないのも、それらが必ずしも儀礼の場で誦されるものではないことによるのではないか。いずれにしても、朗誦の方法には日常の言語とは異なる伝承があり、儀礼の場において継承されてきたのではないかと推察される。あるいはそれは実際に周の音を規範としたものであったかもしれないが、もちろんそれは地域的な差異としてではなく、伝承された正しい音として意識されていたからであった。仮構されたものであった可能性すらある。そうした読誦を「雅言」と呼んだのではないだろうか。

総括して言えば、文字の言語化は、日常言語によってなされたものではなく、儀式的ないし演技的性質をもつ音声言語との対応によってなされたと見なすのが妥当だと思われる。戦国期に見られる地域性の多様さもまた、それぞれの地域で話されていることばが直接に影響したというよりは、諸国の宮廷を中心に用いられていた儀礼言語によってもたらされたものではないか。金文にせよ簡牘にせよ、文字が諸国に伝播したのは、儀礼と統治に伴ってであって、日常の対面コミュニケーションのためではなかった。文字と言語の関係を考えるのなら、まず文字が用いられた場における音声がいかなるものであったかを第一とすべきだろう。諸国の宮廷における儀礼言語がいかなるものであったかについては不明なことが多いが、たとえば『楚辞』などによって、楚の宮廷における言語のすがたを探ることは不可能ではない。

ちなみに言えば、散文において四字句が基本リズムとなっていったこと、対偶表現が発達したことなども、こうした儀礼的な場における音声言語の媒介が大きく与っていると考えられる。文字列のリズムは、文字列内部からのみ生じているのではなく、それが読み上げられるものとしての性格を付与されていったことと大きく関わっている。また、口承によって伝えられてきた古代の儀礼的音声言語は、文字化されることによって定型化が進み、文章語としての性格を強めていく。こうして、文字と口頭言語とのあいだに、読み上げられるべき文章としての書記言語が成立

したのである。(14)

書物の到来

文字の伝来

『古事記』によれば、日本にもたらされた書物のはじめは『論語』と『千字文』、応神天皇の世であった。

亦百済国主照古王、以牡馬壱疋、牝馬壱疋、付阿知吉師以貢上。亦貢上横刀及大鏡。又科賜百済国、若有賢人者貢上。故、受命以貢上人、名和邇吉師、即論語十巻、千字文一巻、并十一巻、付是人即貢進。

また百済国主照古王は、牡馬一匹、牝馬一匹を、阿知吉師に付して貢上した。さらに横刀および大鏡を貢上した。さらに百済国に、もし賢人があれば貢上せよと科賜した。かれは命を受けて人を貢上し、その名は和邇吉師といい、論語十巻、千字文一巻、あわせて十一巻を、この人に付して貢進した。

周知のように、これはあくまで伝承であって、事実そのままであったとは考えにくい。梁の周《しゅう》興嗣《こうし》が『千字文』を作ったのは六世紀の始め、『日本書紀』の記述からは三世紀から四世紀、実際には四世紀末から五世紀初とされる応神朝とは大きく時代が食い違う。また、『日本書紀』には「十六年春二月、王仁来之、則太子菟道稚郎子師之、習諸典籍於王仁、莫不通達。所謂王仁者、是書首等之始祖也」（巻十）とあって、菟道稚郎子《うじのわきいらつこ》が「諸典籍」を王仁《わに》（和邇吉師）に習ったとするが、書名は記されていない。しかも前年の条には、「十五年秋八月壬戌朔丁卯、百済王遣阿直岐、貢良馬二匹。〔…〕阿直岐亦能読経典、即太子菟道稚郎子師焉」とあり、菟道稚郎子が阿《あ》直岐《ちき》（阿知吉師）について「経典」を学んでいたと記す。ちなみに『隋書』倭国伝では、「無文字、唯刻木結縄。敬仏法、於百済求得仏経、始有文字（文字は無く、ただ木を刻み縄を結んでいた。仏法を敬い、百済に仏経を求めて、そこで初めて文字をそなえた）」のように文字が仏経によってもたらされたと記す。

　『千字文』を「経典」「典籍」とは呼びにくいし、『論語』にしても、もちろん初学のための書であり、「経典」と言うならまず五経が想起される。『古事記』と『日本書紀』の記述には無視できない違いがあるとしなければなるまい。端的に言って、『日本書紀』は「典籍」「経典」を学習したという記事によって日本が漢字圏の正統に準拠したことを示しているのに対し、『古事記』は書籍伝来の始めに『論語』と『千字文』を置くことによって、文字学習の基本に両書を用いることの根拠とするのである。奈良朝において『論語』と『千字文』が課本として広く用いられていたことは、文書および木簡からすでに確かめられているが〔東野 一九七七〕、『古事記』の記述は、そうした制度の補強として行われているとみてよく、そこにこそ意味があろう。

識字書の諷誦

さて、『千字文』は識字書として知られるが、四字句の韻文であることからも明らかなように、朗誦を前提とした書物である。『論語』は、孔子や弟子のことばをふんだんに含む点において、これもまた朗誦されてしかるべき書物であろう。『隋書』の記述に従って仏経によって文字が伝来したとしても、同じく朗誦が求められる書物であった。というよりも、識字と朗誦は本来表裏一体のものであった。漢代に作られた識字書である『急就篇』は、人名や物名を列挙したものだが、七字句を主にして三字句や四字句を交え、やはり韻を踏んで誦しやすくなっている。書物としては失われた『蒼頡篇《そうけつへん》』も、出土資料によって四字句の韻文であることが明らかになっている［福田 二〇〇四］。『漢書』藝文志は、『杜林蒼頡訓纂』『杜林蒼頡故』（『隋書』経籍志《けいせき》にはすでに「亡」とされる）について、こう記す。

蒼頡多古字、俗師失其読、宣帝時徴斉人能正読者、張敞従受之、伝至外孫之子杜林、為作訓故、并列焉。

『蒼頡篇』には古字が多く、一般の教師にはその読み方がわからなくなっていたが、宣帝の時に斉の人で正しい読み方のできる者を徴し、張敞《ちょうしょう》が読み方を授かり、外孫の子の杜林に伝え、杜林がその訓故を作ったので、ここに列した。

ここからも、『蒼頡篇』にとって音読が重要であり、また口承によってようやく伝えられた部分のあったことがわかる。

また、出土残簡によって復元された『蒼頡篇』の冒頭は、こうである。

蒼頡作書、以教後嗣。幼子承詔、謹慎敬戒。勉力諷誦、昼夜勿置。

蒼頡が書を作り、後生に教えた。幼子は詔をうけ、つつしんで身をひきしめる。つとめて諷誦し、昼夜おこたるなかれ。

『蒼頡篇』という題はこの書き出しに由来するが、文字がまず諷誦するものであったことも、ここから知られる。さらに『漢書』藝文志は、『蒼頡篇』や『急就篇』などの小学書の背景説明のために、漢の丞相蕭何《しょうか》が定めた法を引用している。

漢興、蕭何草律、亦著其法、曰、太史試学童、能諷書九千字以上、乃得為史。又以六体試之、課最者以為尚書御史、史書令史。吏民上書、字或不正、輒挙劾。

漢が興り、蕭何が律を書き、またその法を著した。その内容は、太史は学童を試験して、九千字以上を諷書できた者を史（下級書記官）とする。さらに六体（古文・奇字・篆書・隷書・繆篆・虫書）の試験をし、成績優秀者を尚書御史・史書令史とする。また、吏民が上書して、字に間違いがあれば、そのたびに指摘する。

「能諷書九千字以上」とは、「能く書九千字以上を諷す」ではなく、「能く九千字以上を諷書す」であろう。「諷書」とはつまり音読と書写を指す(15)。

中央のみならず辺境における文書の伝達においても、「諷誦」「諷読」が重視された。それらの場における「諷誦」という行為は、伝達された規約を「みなで声を出して読み、そのことで字を読めない者も含めて内容を熟知させ、また一種の儀式的な行為でもって命令の徹底をはかるというものであった」［冨谷 二〇一〇 四一八頁］と推定されている。文字は読み上げられてこそ効力を発揮するという通念が、文書行政の末端においてなお強かったことは、注意に値しよう。文字を読み上げることが「一種の儀式的な行為」であったとされることも、書記官としての史職の由来を想起させよう。

識字における朗誦は、たんに憶えやすいためというだけでなく、実際にその文字が活用される現場においても朗誦が必要とされたからなのであった。もちろん、「孔子純取周詩、上采殷、下取魯、凡三百五篇、遭秦而全者、以其諷誦、不独在竹帛故也（孔子はもっぱら周の詩を採ったが、上は殷、下は魯の詩も採取して、全部で三百五篇とした。秦の焚書にあっても完全に伝えられたのは、それが諷誦されて、竹帛にのみ保存されていたわけではないからである)」(『漢書』藝文志)のように、もとより経書も諷誦される。伝世の経書から辺境の文書まで、およそ公にかかわる文字のあるところ、それを響かせる音声もまた必要とされたのである。

新しいことば

日本列島においては、中国大陸とは統辞も発音も異なる言語が行われていたから、『千字文』や『論語』などの書物の伝来は、すなわち新しいことばの伝来であった。だがそれは、現代で言う外国語と同じではない。中国大陸や朝鮮半島の地域言語を話す人々との接触や混住は、もちろん書物伝来以前からあったに違いない。外国語と言うのであれば、むしろそちらであろう。しかし、書記言語とそれにともなう儀式的な音声は、日常言語とは位相を異にするものだ。書物の伝来は、文字の伝来であると同時に、それを読み上げる音声の伝来でもある。その意味で、金印や銅鏡にどれだけ文字が記されていようとも、それが公の場で読み上げられることがなかったのなら、文字の効力は十全には発揮されていないことになる。

こうして見ると、『古事記』が『急就篇』など他の小学書ではなく『千字文』を挙げるのは、やはり意味のあることだと思われる。指摘されているように、『急就篇』は「役人が行政文書を作成するときに学ぶ識字書」であり、その用途はもっぱら書記官として身を立てるためのもの、一方『千字文』は、貴族の子弟のために作られたもので、内容から言っても「学に志す初学者が文字を学び、また教養を得るために学ぶ教科書」〔冨谷 二〇一〇 一二二 - 三頁〕である。そもそも

『千字文』は、『梁書』周興嗣伝に「次韻王羲之書千字」と記され、『法書要録』巻三に引く唐の武平一「徐氏法書記」に「梁大同中、武帝勅周興嗣撰千字文、使殷鉄石模次羲之之迹、以賜八王（梁の大同年間に、武帝が周興嗣に勅して千字文を作らせ、殷鉄石に王羲之の書跡から模写させて、八人の皇子に賜った）」と記されるように、書写の美も求められるものであった〔小川・木田　一九八四〕〔小川　一九九七〕。今日でも書道の手本となっていること、贅言を要しまい。他の識字書とは格が違うとすら言える。

いずれにしても、また、当然のことながら、王仁は書物を将来しただけではなく、その正しい読誦の仕方も伝えたのである。『日本書紀』において阿直岐が「亦能読経典」者として記されているのも、経典の文字列を読み上げることができたという能力を示している。「習諸典籍於王仁」とは、王仁の後について文字列を習い読んだのであって、ただ講釈を受けただけではない。

同時に、文字列の意味を解釈して示すことも師たる者の重要な役目であり、それに相応して、伝えられる書物もまた注釈とともに行われるのが常であった。すでに見たように、杜林は伝承を受けて『蒼頡篇』の訓詁（訓故）を作っている。『千字文』にも梁の蕭子雲の注があり、『日本国見在書目録』にも記録されている。『論語』も同様で、鄭玄《じょうげん》注や何《か》晏集解《あんしっかい》を始めとして、多くの注釈書が舶載された。読誦し、また解釈を行いながら、書物の学習は行われたのである。

訓と訳

先に述べたように、徂徠が「此方学者、以方言読書、号曰和訓、取諸訓詁之義」というごとく、訓読の「訓」は、「訓故（訓詁）」の「訓」である。そのままでは理解しにくい字句について、よりわかりやすいことばで説明すること、それが「訓」である。五経はもとより、識字書であっても、日常一般に交されることばでなければ、解説は必要となろう。漢字圏の拡大によって、統辞や発音の異なる地域に書籍が伝わったとき、その地のことばに即したかたちで解釈が加えられる事態も、当然のことながら生じる。まして文字のないところに文字が伝えられたとすれば、なおさらであろう。七世紀後半と推定される北大津遺跡出土の木簡には、たとえば「采」に「取」と注記する一方で、「賛」に「田須久」と注する例が見られる〔沖森 二〇〇九〕。前者は古来からの「訓」であり、後者は現地語を当てて解釈するという新しい「訓」であった。

「訓」は、書記言語として記された文章のうち、一つ一つの文字ないし語について行われることが基本である。口頭言語についてなされるものではないし、また、文章全体を別の文章に置き換えるものでもない。それに対して「訳」は、「五方之民、言語不通、嗜欲不同。達其志、通其欲、東方曰寄、南方曰象、西方曰狄鞮、北方曰訳（五方の民は、ことばは通じず、望むところも同じではない。意思や望みを通じさせるのを、東方は「寄」、南方は「象」、西方は「狄鞮」、北方は「訳」と言う）」（『礼記』王制）とあるように、元来は言語間の通訳であり、文字の有無は問題になっていない。『説文解字』で「訳」を検すれば「伝四夷之語者（四方の夷の語を伝える者）[16]」との説解があるのも、同じく口頭での伝達に重点があることを示していよう。

　また、仏典の翻訳が始まってからそれを「訳」と称するのが通例となったことについても、外国僧の口述でなされた翻訳を中国僧が筆記して整えるというその形式と関わりがあろう。たとえば、後漢末に訳された『道行経』について「光和二年十月八日、河南洛陽孟元士、口授天竺菩薩竺朔仏。時伝言者月支菩薩支讖。時侍者南陽張少安、南海子碧。勧助者孫和、周提立」（『出三蔵記集』巻七「道行経後記」[17]）とあり、西晋初に訳された『須真天子経』について「太始二年十一月八日、於長安青門内白馬寺中、天竺菩薩曇摩羅口授出之。時伝言者安文恵、帛元信。手受者聶承遠、張玄泊、孫休達。十二月三十日未時訖」（同「須真天子経記」）とあるように、まず「口授」があって、次に「伝言」があり、さらに「侍」「勧助」あるいは「手受」（「筆受」ともされる）があるのが通例であり、それぞれ、胡語による誦読、口述の翻訳、記録修正という役割分担がなされている〔船山 二〇一三〕。これら一連の行為は、たしかに、文字への注釈である「訓」ではなく口頭言語の翻訳である「訳」を用いて呼ばれるのがふさわしい。もとの文字列は保存されず、まったく異なる言語体系に移しかえられ、改めて文字列となる。それこそが「訳」なのである。

したがって、日本列島において行われた漢字文の解釈は、始めはあくまで「訓」であって「訳」ではなかった。それが「訳」と感じられるようになるのは、字句ごとの対応ではなく、文章全体として漢字文の文字列に対応することばが現れてからであった。徂徠が「和訓」を「其実訳也」と言い切ったのは、漢字文を訓読したことばがそのまま「こちらのことば（方言）」として感じることができたからにほかならない。なぜそのようなことが可能になったのだろうか。

仮構としての訓読

漢字に現地語を当てて解釈するという方法は、すでに指摘されているように［金 一九八八］［金 二〇一〇］、漢字圏に広く見られる現象と言える。それが「訓」という方法の拡大として考えられていたことも、先述した北大津遺跡出土木簡の例から確認できる。対応関係が定着すれば、「訓」で音声化することを期待されていない文字であっても、ひとまず「訓」で読むことが可能になる。さらに、シンタクスの照応が定式化し、返読のルールが確立すれば、文単位での「訓」が可能となる。一般に訓読とはこのような方法を指すだろう。一見して読み手の言語を表しているとは思えない文字列を読み手の言語と照応可能な形式で読むこと、それが訓読である。

しかしたとえば、『古事記』太安万侶序で言われる「訓」は、そのようなものではない。

於焉惜旧辞之誤忤、正先紀之謬錯、以和銅四年九月十八日、詔臣安万侶、撰録稗田阿礼所誦之勅語旧辞以献上者、謹随詔旨、子細採摭。然上古之時、言意並朴、敷文構句、於字即難。已因訓述者、詞不逮心、全以音連者、事趣更長。是以今或一句之中、交用音訓、或一事之内、全以訓録。

（元明天皇は）ここに旧辞の誤りを惜しみ、先紀の乱れを正そうとして、和銅四年九月十八日に、臣安万侶に詔して、稗田阿礼の誦した勅語旧辞を撰録して献上せよと言われたので、仰せを謹んで受けて、子細に採録した。しかし、いにしえにあっては、言も意も素朴で、文章にしようとしても、文字で表現しにくい。すべて訓によって述べようとすると、そのことばは言いたいこととずれてしまい、すべて音で連ねれば、叙述が長くなってしまう。そこで、いま一句のうちで、音訓を混ぜて用いたり、一事のうちで、すべて訓によって録したりしたのである。

「旧辞」と「先紀」の誤謬を正さんがために、稗田阿礼がかねてから誦していた「勅語の旧辞」を撰録して献上せよとの元明天皇の詔を受けて、安万侶はこの書を著した。引用箇所の前の段では、諸家に蔵されている「帝紀」（「先紀」）や「本辞」（「旧辞」）を天武天皇が阿礼に「誦習」させたことが記される。阿礼は口頭での伝承を受けたのではなく、あくまで文字列を誦したのであった。それはたんに文字列を暗誦させたというに止まらず、朗誦される文字列としての準備、すなわち文字列を公のものとするための準備であった。安万侶はその音声を受けて、ふたたび文字列への変換を試みる。その困難と方法を述べて、「因訓述」と「以音連」の二つが言われるのである。

この場合の「訓」は、本章で述べたように、文字の解釈ではなく、また文字の現地語による解釈でもなく、方向としてはまったく反対に、解釈された現地語によって文字を用いるという、現地語の表記法としての「訓」である。文字の言語化にもとづいて、そこから言語の文字化が図られた。そして安万侶は、こうした「訓」のありかたを前提として、阿礼の「誦」にもとづいて「録」したとし、『古事記』の文字列が、あらかじめ存在していたことばを表記したものだという仕掛けを提示した。読みとしての「訓」が、文字の向こう側に音声を聴き出す仕掛けとして用いられたのである[18]。

しかしながら、『古事記』本文の注においては、読みとしての「訓」はあくまで文脈理解のために行われていること、安万侶序に「辞理叵見、以注明、意況易解、更非注（辞理がわかりにくければ、注で明らかにし、意味がわかりやすければ、注をしない）」（「叵」は「不可」の合字）とあるごとく、『古事記』そのものはあくまで文字テキストとして提出されている。つとに亀井孝「古事記はよめるか」〔亀井 一九八五〕が指摘したように、訓主体で書かれた『古事記』の散文部分は、あくまで「よむ」すなわち漢字文として意味をとるために書かれていて、それを「ヨム」すなわち一つの音声に変換することまでは期待されていない。文字テクストとしての『古事記』は、起源としての音声を提示しつつも、誦された音声の復元のために書かれているのではなく（音声が重要な機能をもつ歌や神名などについては音表記で書かれている）、あくまで書記の秩序を優先して書かれている（「敷文構句」）ことには、留意する必要がある。

「已因訓述者、詞不逮心」と述べられるように、いったん「訓」にもとづいて文字列を構成すれば、文字列は文字列としての秩序を整えてしまい、言語との距離が生じてしまうことは自覚されていた。もし、「訓」が言語の読みとして文字列を完全に統制し、いつでも一つの音声に還元可能なのだとしたら、「詞不逮心」などという事態はあり得ない。古語を起源としつつ古語そのものではないものとして、音声を起源としつつ音声を完全に復元することはできないものとして、『古事記』の文字列はある。それは、文字以前に起源を求める文字テクストとして『古事記』が取った方法にほかならない。

一方で、現地語の表記法としての「訓」がいわゆる訓仮名と呼ばれる方法も生み出していたことはすでに述べた。文字の意味とは無関係な固有名詞などを表記するのに、つまり「音」をのみ表すために文字の「訓」を用いるのである。こうした技法が成立するためには、「訓」がすでに解釈ではなく音声として意識されていなければならないことになる。

解釈としての「訓」から、音声としての「訓」へ。始めは「我」や「也」など、言語の文字化のために用いられた仮借という方法が、漢字圏の拡大にともなって、現地語を表記するために採用され、また仏典の翻訳においても積極的に用いられるようになった。もちろん仮借にあたっては、文字の本義が考慮されることもあったが、しかし重要なのは音である。音を表記するものとしての文字という捉えかたが一般になれば、最初は解釈上の対応関係であった「訓」も、その固定化を経て、音を表すものとして機能しても不思議ではない。それが仮名を生んだことは、第二章で見たとおりである。

となれば、「訓」は意味であり音である。いまの私たちにも馴染みのある「訓読み」という語は、それが音声としての「読み」であることをまさに示している。そして、文字と言語をめぐるこうした複数の機制が交錯する中で、あるべき音声としての訓読が成立した。その極点とも言える例が、『日本書紀』の訓読である。

『日本書紀』の訓読

もともと『日本書紀』は、古代倭語のシンタクスや発音を組み入れた『古事記』とは異なり、漢籍をさかんに利用して、漢籍さながらの文体を目指して書かれた書物であり、和語によって読まれることを期待するものではない。むしろ、日本を知らない者に日本を知らしめるために書かれたテクストとすら言える。全三十巻のうち十一巻は、中国大陸の言語を母語とする渡来系の書き手に拠ると推定されている［森 一九九九］。ところが、九世紀初から十世紀まで朝廷において行われた「日本紀講書」、つまり『日本書紀』の講読は、「「日本書紀巻第一」をヤマトフミノマキノツイデヒトマキニアタルマキと読む（『釈日本紀』「秘訓」一に引く「私記」）ように、『日本書紀』の漢字漢文を徹底して和語で読むものであった」［神野志 二〇〇九 一八五頁］から、解釈のいかんを踏まえつつ、さらに、それをどのような和語に戻して読むべきかが重大な問題となった。本文の解釈は、和語の復元のためになされ、その復元の大きな論拠となるのが『古事記』なのである(19)。

そこには、「訓」の方向性の転換、すなわち文字の言語化から言語の文字化へという転換がすでに成立していたことが大きく作用している。安万侶序にしても、そのような機制のもとに「誦習」の文字化としての『古事記』という擬制を述べたのであった。講書が、和語を伝えるものとして『古事記』を最大限に利用したのも当然だろう。しかし『古事記』ではなく『日本書紀』という書物において、その擬制が徹底されたのはなぜであろうか。そこには、講書という場が、なによりも文字列を読み上げる場としてあったことが、深くかかわっている。
十世紀の朝儀のありさまを伝える源高明《たかあきら》『西宮記《さいきゅうき》』によれば、大臣や博士や尚復（補佐）などが座に着いた後の次第をこう記す（『故実叢書』本、巻十五「講日本紀事」）。

次博士尚復大臣已下皆披書巻、次尚復唱文一声音、其体高長之、次博士講読了、尚復読訖、尚復博士退出。

ついで博士・尚復・大臣以下がみな書物を開き、ついで尚復が文を一声、高く長い調子で唱える。ついで博士が講読し終え、尚復が読み終わり、尚復と博士が退出する。

「唱文一声音、其体高長之」、つまり儀式的な朗誦が講書の次第として欠かせなかったことが、ここから知られる。もちろんそれは和語による訓読である。駢儷体で書かれた古典文としての『日本書紀』が、それと拮抗すべき権威をもつ和語によって、儀式的に読み上げられること。その権威を確保するために、文字以前のことばとしての和語が仮構されねばならなかったのである。

和語の仮構

『古事記』ではなく、『日本書紀』においてこのような試みが徹底されたことに、注意を向けねばならない。『古事記』は、漢籍としてではなく、天皇の世界において起源を語るものとして存在したがゆえに、文字そのものに権威を付与することはできず、溯及的に和語を仮構するしかない。文字は、あくまで和語の世界における文字である。『日本書紀』は漢籍として書かれている。それを漢字音のままに読み上げるのではなく、和語として読み上げるという転換によって、さらに、『古事記』に見えるとした古語を織り交ぜて全体の音声を構成することによって、漢籍を和語の世界に位置づけなおすことを可能としたのであった。

となれば、中国伝来の漢籍を訓読したときにも、おなじ機制を働かせることが可能になる。徂徠が「但和訓出於古昔搢紳之口、侍読諷誦金馬玉堂之署。故務揀雅言、簡去鄙俚」と述べたのは、「訓」と「訳」の違いはそこにしかないと言うためであったが、じつはその違いには大きな意味があった。訓読の音声は、諷誦に淵源する。それは訓読という行為の一つの流れを形成し、容易に想像されるように、近世の素読や詩吟にまで及んでいる。徂徠はその擬制を嫌い、中華に起源を求め直したのである。

総じて言えば、もたらされた文字秩序を契機として、地域における言語秩序を編制し、権威ある音声を生み出す技法として発達したのが、日本の訓読であった。訓読のことばが操作的であったり古語を用い続けたりしたのは、日常のことばとの距離を保つために、朗誦されることばにふさわしい姿をまとうために、はなはだ有効であった。言い換えれば、それはこの地域における「雅言」を生むための技法であった。

訓読は、漢字という文字をどのように取扱うかという漢字圏共有の課題の中で生まれた行為である。だがそれは、たんに表意機能をもつ文字をどのように扱うかという問題にとどまるものではない。漢字圏における漢字は、権威をともなう文字である。その文字の権威をもって、権威ある音声を生み出すこと。日本の漢文訓読が、広い範囲で、長きにわたって行われた理由は、そこに求めることができるのではないか。

第四章　眼と耳と文——頼山陽の新たな文体

漢詩文の担い手

日本において漢詩文の読み書きが最も行きわたったたのが近世後期から近代にかけての時期であることは、疑いないだろう。

中世までは、漢籍を読む者、漢詩文を綴る者は、基本的に貴族や僧侶などに限られていた。そもそも、印刷された刊本の普及以前にあっては、漢籍を手にすること自体が特権であった。鎌倉期以降、大陸との僧侶の往還がさかんになり、おりしも中国における書籍印刷がさかんになったことで多くの典籍が日本に流入し、五山の禅林を中心として、漢詩文の学問は空前の隆盛を誇った。足利氏が室町期に開いた足利学校もまた、快元などの禅僧に多くを負っている。

多くの学僧を擁した五山の学藝もやがて衰えていくことになるが、近世儒学の祖となった藤原惺窩《せいか》（一五六一〜一六一九）がもとは相国寺の僧であったり、その弟子の林羅山（一五八三〜一六五七）も少年のころ建仁寺で学んだりなどの例に見られるように、中世禅林の学藝は近世儒学の基盤となった。

こうして漢籍を軸とした学問の流れが途切れることはなかったものの、やはりそれはかなり限られた範囲での継承と享受であったことは、否めない。その様相が大きく変化するのは、近世後期、いわゆる寛政の改革以降である。そして、幕末維新期の社会への影響力という観点から、さらに、日本における漢文の位置という観点から、最も重要な漢詩文作者が頼山陽なのである。

寛政異学の禁

頼山陽が生まれたのは安永九年十二月二十七日（一七八一・一・二二）、亡くなったのは、天保三年九月二十三日（一八三二・一〇・一六）、明治改元まであと三十六年という時代であった。老中松平定信による改革が行なわれたのが天明七年（一七八七）から寛政五年（一七九三）まで、ちょうど山陽の少年期にあたる。寛政の改革にはさまざまな側面があるが、ここでの主題に即して言うなら、寛政二年（一七九〇）に行われた寛政異学の禁が重要であろう。

寛政異学の禁とは、幕府の学問所として昌平黌《しょうへいこう》（昌平坂学問所）の教学体制を建て直すために、陽明学や古学あるいは折衷派など、朱子学以外の儒学の講学を禁じたことを指す。あわせて、中国の官吏登用試験である科挙を参照した「学問吟味」と呼ばれる試験が行われ、教育＝登用システムとしての官学の強化が目論まれた(20)。

頼山陽の父、頼春水は、山陽が生まれたときには大坂で私塾を開き、朱子学を講じていたが、その翌年には広島藩に儒者として抱えられた。このとき春水は、朱子学による藩学の統制を主張し、藩の学問所を設立している。寛政異学の禁の先蹤と言えよう。事実、春水は松平定信の知遇を得ており、定信にとって広島藩が一つのモデルケースであったことは間違いない。

山陽もまた、寛政九年（一七九七）、広島から江戸に出て昌平黌で学ぶ。父春水は藩邸の江戸詰としてしばしば江戸に滞在しており、この時はちょうど叔父の頼杏坪《きょうへい》が江戸詰を命じられたので、それに従って東上したのであった。また、寛政の三博士のうちの一人として知られる昌平黌教授の尾藤二洲《びとうにしゅう》は山陽の母の妹の夫、つまり義理の叔父であり、山陽は最初のうち藩邸から昌平黌に通ったのだが、やがて、昌平黌内に屋敷のあった二洲のもとに寄宿する。山陽が昌平黌で学んだのはわずか一年であったが、こうしたことから考えても、かかわりは浅くない。

異学の禁による教学体制の強化は、具体的には、朱子学以外の学派を排したカリキュラムの整備としてあらわれることになる。「学問吟味」、さらにその初級段階の「素読吟味」と呼ばれる試験が行われたことも、その一環として捉えてよいだろう。「素読吟味」とは、十五歳までの者に対し、十歳までが四書の素読、それ以上は四書及び五経の素読を試験するもので、「学問吟味」は、十五歳以上の者に対し、経学、歴史、文章の試験を行うものである。教育の統一がなければ試験は行い得ないし、また逆に、教育の統一はしばしば試験によって支えられる。「学問吟味」は、習得した儒学の知識や思考を問うものであり、「素読吟味」は、漢籍の読み方を問うものである。漢籍の素読とは、初学者が漢文を学ぶさい、ひとまず意味はさしおいて、ひたすら読み下しを唱えることで、古くから行われてきたものではあったが、こうしたカリキュラムの中に明確に位置づけられたのは、この時が初めてであった。そして、素読がそれこそ全国津々浦々で行われるようになったのも、じつはこの頃からなのである。

昌平黌の教学体制が整備されると、各藩もまたそれに倣うようになる。広島藩の場合はむしろ先行していたことになるが、幕府の教学体制の一環として位置づけられたことの意味は小さくない。各藩は率先して藩の学問所（藩校）を創設し、教育制度の整備に努め、それが明治以降の日本の公教育の基盤ともなったことは、よく知られていよう。

訓読の声

異学の禁によって、儒学の解釈方針が一つに定められ、教育カリキュラムが整備され、経書の読み方も一つに定められ、次第にそれが全国に広まっていく。基礎学問としての漢学の普及は教育制度の整備と切り離すことはできない。天保以降、つまり幕末にあって、素読という行為はごく一般的なものであったわけだが、それが爆発的に広まった経緯は、こうした見取り図の中で理解すべきものだろうと思われる。素読の制度化、と呼ぶべきだろう［中村 二〇〇二］。

頼山陽は儒者の子であるから、こうした制度化を待たずに、素読という習慣に早くから馴染んでいたと考えられる。あるいは、山陽を教育したような儒者たちが素読という習慣を制度化していったと見なしてもよい。そして山陽にとって漢文を読み上げることは、たんに入門の課程としてあったのではなかった。かれは、次のように述べている（「跋手写項羽紀後」[21]）。

史記百三十篇、篇篇変化、然求其局勢尤大、法度森厳者、在項羽紀。［…］余嘗手写一通、随読批圏勾截。及修外史、毎晨琅誦一過、覚得力不少。［…］

『史記』一三〇篇は、篇ごとにさまざまに姿を変えるが、起伏が大きく、構成が緊密なのは、「項羽本紀」だ。［…］私はかつてこの一篇を書写し、読みながら傍点を付したり段落を区切ったりした。『日本外史』を書くようになって、毎朝この篇を朗誦したが、大いに力を得たものだ。［…］

『史記』も『日本外史』も漢文で書かれた史書であるから、『日本外史』が『史記』を参考にすること自体は不思議ではない。しかしここで語られているのは、歴史を記す文章の息遣いのことだ。『日本外史』を書く前に「項羽本紀」を朗誦する。そのリズムを身体に刻んで、そうしてはじめて筆を執る。しかも、ここで考えねばならないのは、山陽はあくまで訓読によって『史記』を読み、またその訓読のリズムで『日本外史』を書いているということである。『史記』を書いた司馬遷はもちろん訓読などしていない。当時の漢字音で直読したとしか考えられない。つまり司馬遷が書いた文章のリズムは頼山陽が訓読したリズムとは違うはずである。リズムということなら、現代中国音や日本漢字音で音読した方が近いのである。

そして『日本外史』も漢文で書かれているのであって、漢字仮名交じりの訓読体で書かれているわけではない。仮構の上では司馬遷が音読することも可能である。実際、光緒元年（一八七五）に広東で刊行されているように、後になって中国でも『日本外史』は読まれた。もとより訓読ではない。

とはいっても、『日本外史』は日本において読まれることを前提としているから、訓読されるものとして書かれている。言ってみれば、訓読の音声を漢文に変換したものが文字列を構成し、読む側も、訓読することによって頼山陽が志向したリズムを復元するのである。

　訓読とはもともと中国古典文たる漢文を解釈するために発生したものであって、漢文に対してはあくまで二義的なものであるはずだ。しかしここでは漢文という書記は訓読の音声に対して、むしろ従属的な位置に転じているかのようである。前章で述べたのと同様、ここにも朗誦としての訓読がある。

　それは例えば、次のようなエピソードを導くことにもなる［中村　一九七一　五四六頁］。


明治初年生まれの私の外祖母は、文字通り無学な田舎の一老媼に過ぎなかった。しかし彼女は、中学生の私が漢文の副読本の『外史鈔』を読み悩んでいる時、台所に立ったままで、私の読みかけた部分を蜒々と暗誦して聞かせてくれた。明治の初めの地方の少女は、『日本外史』を暗記することが初等教育であったのだろう。

　それは『外史』が全国津々浦々に行き渡っていた証拠となると同時に、その文章が諳誦に適した、つまり人間の呼吸に自然に合致した、見事な雄弁調として成功していることを示しているだろう。近代の口語は、そうしたエロカンスの美において、遂にこの水準にまで達した文体を発見していない。――


中村真一郎は一九一八年生まれであるから、中学生と言えば一九三〇年代前半ごろである。戦前の多くの中学校がそうであったように、中村が通っていた東京開成中学でも、漢文の読本として『日本外史』の選本が用いられていた。ここに登場する母方の祖母は、おそらく初等教育しか受けていないのであろうが、中村の読みあぐんだ『日本外史』は暗誦していた。明治初期の教育における『日本外史』の普及を見るべきだが、中村はさらに、そこから『日本外史』の訓読が「人間の呼吸に自然に合致した、見事な雄弁調」だと見なし、近代の口語はいまだその美を実現しえていないと考えている。

『日本外史』が庶民にまで広く浸透したのは、たしかにその漢文体としての名調子が大きく与っていたことだろう。例えば、「欲忠則不孝、欲孝則不忠。重盛進退、窮於此矣。(忠ならんと欲すれば則ち孝ならず、孝ならんと欲すれば則ち忠ならず。重盛の進退、ここに窮まれり)」とは、後白河法皇を幽閉しようとした平清盛を、その子重盛が諌める台詞だが、これなどはまさに人口に膾炙していた名文句であろう。

また、初等教育でなぜ用いられたのかという点から言えば、その書物が維新の志士たちに好まれ、明治になってからは国民必読の書とでも言うべきポジションを得ていたことも重要である。『日本外史』は、源平から徳川に至る武家の興亡を家門と人物を軸にして述べる史書であるが、転変する武家の歴史を語りながら、皇室の変わらぬ存続に価値を置く姿勢が、士族階級の自己認識を補強するとともに、幕末から明治にかけての勤皇思想の支えともなった。戦前は準教科書的扱いであったのが、戦後はほとんど顧みられなくなったのも、当然の成り行きであった。

『日本外史』の位置

和習批判

名調子として大衆受けした頼山陽の漢詩文も、学者たちからは、「和習」（「和臭」）が強く、俗っぽいと非難されることが少なくなかった。山陽とほぼ同年齢の儒者帆足万里《ほあしばんり》（一七七八～一八五二）は、巷で評判の『日本外史』を初めて手に入れて読んだとき、こう述べている（『西崦先生餘稿』下「復子庾」〔帆足記念図書館　一九二八〕）。

> 僕嘗恨竹山先生逸史文章未工、今観此書、下逸史数等。逸史雖多蕪累、改定一番、尚可以補史氏之缺。頼生所作、無論文字鄙陋、和習錯出、加以考証疎漏、議論乖僻、真可以覆瓿醬。渠以是横得重名、真可怪嘆。

私は中井竹山先生の『逸史』〔漢文による徳川家康の伝記。寛政十一年に幕府に献上された〕の文章があまり上手でないことを惜しんでいたが、この書（『日本外史』）を読むと、その『逸史』より数段劣っている。『逸史』は蕪雑なところが多いものの、改定を加えれば、正史の欠を補うことができよう。頼の書いたものは、文章は俗っぽく、和習だらけであるのはもちろん、考証もいいかげんで、議論も偏っており、味噌壺に蓋をするのにしか使えないような代物だ。こんなもので盛名を得ているとは、まったく嘆かわしい。

帆足万里は、オランダ語を学んでヨーロッパの自然科学書も読んだ学者であり、頑迷固陋な儒学者というわけではないが、日本語の語彙や語法が漢文に紛れ込む「和習」は嫌っている。

こうした批判は、山陽からしてみれば、そもそも訓読の音声を主軸としているのであって、それが和習かどうかを論じること自体に意味はないということになろう。しかしそれならば、いっそ訓読体で書いてしまえばよかったのではないか。徳富蘇峰（一八六三〜一九五七）が山陽と『日本外史』を高く評価しつつ「唯だ残念なるは、山陽が不自由なる漢文を以て歴史を綴りたるの一事に候」［森田他 一八九八 五四七頁］と述べているのは、訓読体を基礎にした漢字仮名交じりの明治普通文にすっかり馴染んでいた評論家として、当然の意見である。

しかし山陽が『日本外史』を書いた当時は、漢文が正格たる文体であった。森田思軒（一八六一〜九七）が蘇峰に反論して「然れども山陽の時代に於て読書社会の普通文はベーコン以前の英国に於て読書社会の普通文が拉丁文なりしが如く壱に漢文なりしを酌量せざるべからず」［森田他 一八九八 三二三頁］と述べるのは正しい。次章で述べるように、頼山陽の文章は、訓読体を主軸とした普通文（今体文）の成立に大きな役割を果たしたが、しかしかれの時点では、まだその文体は成立していない。漢文で書くことが要請されたのである。

そしてそれがたんに正統的な文体であったからという以上に、漢文という文体が作る世界に自らを同化させようとして山陽が漢文で書いていることも重要である。司馬遷と同じ世界の住人になることを望んでいるのである。

漢作文としての『日本外史』

和辻哲郎（一八八九～一九六〇）は『日本倫理思想史』第五篇第八章四「頼山陽」〔和辻 一九五二〕において、「山陽の史書が勤王運動に拍車をかけた所以」をいくつか挙げた中で、こう述べている。

> 第三に彼は、十七世紀十八世紀を通じて鼓吹せられて来た漢学尊重の波に乗つた。熊沢蕃山は、十七世紀の中ごろに、経学などは「市井の中にとゞまりて、士の学とならず、十年このかた、武士の中にも志ある人、はし〴〵見え候」と云つたが、十九世紀の初めの山陽の時代には、もはや事情は全然変つてゐる。武士の基礎的教養はシナの古典によつて与へられた。漢文に対する理解力、漢文を作る能力なども著しく高まり、それに対応して漢文に対する愛好の念も著しく拡まつた。この情勢の故に、すでに和文で書かれた周知の思想内容も、新らしく漢文に書きなほされることによつて、強く魅力を発揮するといふ不思議な現象が現はれたのである。〔傍点原文、以下同〕

これまで見てきたように、「漢学尊重」の風潮はたんに「鼓吹」によるのではなく、教学システムの普及とともにあったと捉えるべきであるが、それが漢文という文体への嗜好を生んでいたという指摘は押さえておく必要があるだろう。漢文という文体は、標準文体としてのみならず、時代の好みにも応じていたのである。そして和辻は、後醍醐天皇が楠木正成に勅して具申を求める『太平記』の一節と、それに相応する『日本外史』の一節を比較し、「現代の人の多くはこの漢文化が太平記の描写に何物かを加へてゐるとは感じないであらう」とする一方で、「しかし漢文を味はひまた作ることを訓練された人々は、こゝに別種の妙味を感じたらしい。特にこの漢文が、和文の半ば以下に短縮されつゝ、しかもほゞ同様の内容を云ひ現はしてゐることは、その妙味の内の重要な要素であつたらしい」と述べている。「らしい」が繰り返し使われているところに、和辻自身の距離感が示されているが、参考までにその二つの文章を並べてみよう。まず『太平記』巻三。

主上万里小路《マデノコウヂ》中納言藤房卿《フジフサノキヤウ》ヲ以テ被《ラレ》㆑仰《セ》ケルハ、「東夷《トウイ》征罰《セイバツ》ノ事、正成《マサシゲ》ヲ被《ルル》㆓憑思食《タノミオボシメサ》㆒子細有《アツ》テ、勅使ヲ被《ラルル》㆑立《テ》処ニ、時刻ヲ不《ズ》㆑移馳参《サハセマヰ》ル条《デウ》、叡感不《ザル》㆑浅《カラ》処也。抑《ソモソ〻》天下草創ノ事、如何《イカ》ナル謀《ハカリゴト》ヲ廻《メグラ》シテカ、勝《カツ》事ヲ一時《イチジ》ニ決シテ太平ヲ四海ニ可《ベキ》㆑被《ル》㆑致《サ》、所存ヲ不《ズ》㆑残《サ》可《シ》㆑申。」ト勅《チヨク》定《ヂヤウ》有ケレバ、正成畏《カシコマツ》テ申ケルハ、「東夷近日ノ大逆、只《タダ》天ノ譴《セメ》ヲ招《マネキ》候上ハ、衰乱ノ弊《ツヒ》ヘニ乗《ノツ》テ天誅ヲ被《レン》㆑致《サ》ニ、何ノ子細カ候ベキ。但《タダシ》天下草創ノ功ハ、武略ト智謀トノ二《フタツ》ニテ候。若《モシ》勢《セイ》ヲ合《アハセ》テ戦ハヾ、六十餘州ノ兵《ツハモノ》ヲ集《アツメ》テ武蔵相摸ノ両国ニ対ストモ、勝《カツ》事ヲ得ガタシ。若《モシ》謀《ハカリゴト》ヲ以テ争ハヾ、東夷ノ武力《ブリキ》只利ヲ摧《クダ》キ、堅《カタキ》ヲ破ル内ヲ不《ズ》㆑出《イデ》。是欺《コレアザム》クニ安《ヤスウ》シテ、怖ル、ニ足《タラ》ヌ所也。合戦ノ習《ナラヒ》ニテ候ヘバ、一旦ノ勝負ヲバ必シモ不《ズ》㆑可《ベカラ》㆑被《ラル》㆓御覧《ゴランゼ》㆒。正成一人《イチニン》未ダ生《イキ》テ有《アリ》ト被《レ》二聞召《キコシメサ》一候ハヾ、聖運遂ニ可《ベシ》レ被《ル》レ開《ヒラカ》ト被《レ》二思食《オボシメサ》一候ヘ。」ト、頼《タノモ》シゲニ申テ、正成ハ河《カハ》内《チ》へ帰《カヘリ》ニケリ。

『日本外史』は、対応する場面が巻五にある。(22)

正成感激、対曰、天誅乗時、何賊不斃。東夷有勇無智、如較於勇、挙六十州兵、不足以当武蔵相模、較於智乎、則臣有策焉。雖然勝敗常也、不可以少挫折変其志、陛下苟聞正成未死也、則毋復労宸慮、乃拝辞還。

もともと仮名交じり文で書かれていた史料を漢文に直すという漢作文的な側面が『日本外史』にはあった。先に挙げた「欲忠則不孝、欲孝則不忠。重盛進退、窮於此矣」という文句も、もとはと言えば『平家物語』の一節、巻二「烽火之沙汰」にて平重盛が苦悩する場面を踏まえている[梶原・山下 一九九二]。

悲　哉《カナシキかな》君の御《おん》ために奉公の忠をいたさんとすれば、迷慮《メイロ》八万の頂《イタヾキ》より猶《なほ》たかき父の恩忽《タチマチ》に忘れんとす。痛　哉《イタマシキかなふ》不孝《ケウ》の罪《ツミ》をのがれんと思へば、君の御ために既《スデニフ》不忠《チウ》の逆臣《ギヤクしん》となりぬべし。進退惟谷《シンダイコレキハマ》れり。是非《ぜひ》いかにも弁《ワキマヘ》がたし。

『太平記』も『平家物語』も口誦性の強い和漢混淆文であるが、『日本外史』の漢文はそれを簡潔な漢文に縮約する。しかし訓読してみると、その口誦性は別のかたちで継承されていることに気づかされる。十九世紀の日本において、漢文はまず声に出して読まれるものであったし、先にも見たように、山陽はそのことを意識していた。つまり、山陽の漢文は、『太平記』や『平家物語』の口誦性を引き継いだものと理解することも可能で、漢学者はそうしたところにも反応して、「俗臭」と非難したのではないだろうか。

さらにまた、和辻はこうも言う。

尤もこの漢文は、「天誅時ニ乗ズ、何ノ賊カ斃レザラン」といふ風に、日本語として読まれたのであつて、漢語として読まれたのではない。従つて読まれる通りの文章は、眼で見るほど簡潔ではなく、太平記自身が「御覧ぜらるべからず」を「不可被御覧」と書いてゐるのと、根本において変りはないのである。しかし眼に訴へる文章としては、不可被御覧といふやうな日本風の書き方は、漢文の訓練をうけた人々にとつて、甚だ目障りであつたに相違ない。それだけに、漢文として形が整つたといふだけでも、人々は愉快に感じたであろう。

印象批評に傾くところはあるが、『日本外史』の漢文が眼と耳とで二重に享受されたことを指摘するのは炯眼としてよい。漢文が「眼に訴へる文章」であることについては、水戸学者の藤田東湖（一八〇六～五五）の詩文を評した後段で、もう少し詳しく述べている。

> 勿論、少数の例外を除いて、その漢文はシナ語として読まれるのではなく、日本語として読まれたのであつた。しかし漢字は本来写音文字ではなく、眼に訴へる言葉なのであるから、日本人の書いた漢文も、眼に訴へる言葉としてはシナの文章と同じであり、従つてシナの古典と同じ種類の美しさを感じさせる。しかもそれを耳に訴へる言葉として、日本語風に読む場合には、固有の日本語よりも変化屈折が多く、強さと簡潔さが著しく感ぜられるやうな、特殊の美しさを発揮してくる。[…] 十八世紀を通じての漢文の理解力の増大は、十九世紀前半の日本において、この特有な漢文の味ひ方を流行せしめるに至つた。

和辻は、こうした二重の「漢文の味ひ方」というものは日本における漢文に本質的に内在していて、それが漢文の理解力の増大によって十九世紀前半の日本に流行したかのように述べているが、ここは検討を要しよう。

眼と耳

まず、たしかに漢字は表語機能が強く、いわゆる表音文字ではないが、しかし意味のみを示す文字としてのみ見ることはできない。「本来写音文字ではな」いということは、音と結びついていないということではない。これまで述べてきたように、漢字は、それが漢字として広まる過程で、形声字のような音声を示す機能を備えた。少なくとも、秦漢以降の古典文の書記に用いられた漢字は、はっきり音と結びついている。四言・五言・七言などの詩も、文字数ではなく音節数を揃えているのであり、四六駢儷文のリズムも音から始まっている。「眼に訴へる言葉」ということではない。

また、訓読の音調が常に「強さと簡潔さが著しく感ぜられるやうな、特殊の美しさ」をもつものであったかというと、必ずしもそうではない。訓読は時代によってかなり変化している。近世においても、始めは博士家の訓読の流れを汲んで、なるべく和語を交えて読むやり方が主流であったが、十八世紀以降は、反対に字音そのままに読んでいくやり方が主流となっていく［齋藤 二〇一二］。つまり和辻が念頭におく訓読法は近世後期になって広まったものなのである。大槻文彦（一八四七〜一九二八）は、国語学者の立場から次のように述べる［大槻 一八九七 一九‐二〇頁］。

四書五経にても、道春点などいふものは、訛《あやま》れりし所なきにしもあらねど、なほ、古の菅家江家の点の遺流を受けて、捨仮名、振仮名に、自、他、能、所、過去、現在、未来、などの語格、依然として存せり。然るに、かの寛政の三助先生の頃よりして、古訓点の振仮名を捨てゝ、専ら音読すること起りぬ。

道春点とは林羅山による訓点のこと、寛政の三助先生とは、先に言及した寛政の三博士、すなわち古賀精里・尾藤二洲・柴野栗山のことである。道春点は、「不践迹」を「迹をしも践まじ」と読むように、助動詞のジ・マジ・ム・ケリ・ツ・ヌや副助詞などを積極的に用いて和文脈に近く、また、「子曰」を「子の曰く」、「子路曰」を「子路が曰く」のように、助詞ノ・ガを尊卑によって使いわけるなどの特徴がある［中田 一九七九］。そこから補読を減らし、字音読みを増やしたのが後藤芝山《ごとうしざん》（一七二一〜八二）のいわゆる後藤点である。芝山は柴野栗山の師でもあり、その訓点は素読の基準となった。『日本外史』の訓読もまたこの系譜にある。

したがって、和辻の言う眼と耳による享受は、歴史的条件の中で可能になったと考えるべきだろう。そして、漢文が「眼に訴へる言葉」として意識されるようになることも、訓読法に大きな変化が生じたことも、実は連動している。

漢文直読論

漢字伝来に遡れば、訓読という技法が工夫されるまでは直読しかありえなかったわけであるから、直読論が主張されるのは、訓読が普及してからのことである。早い例としては、岐陽方秀（一三六一〜一四二四）や桂庵玄樹（一四二七〜一五〇八）のような室町の禅僧による直読論もあるが、言語論的な位置づけのもとに直読を唱えた点で、荻生徂徠の直読論が画期的であったことは疑い得ない。すでに第二章で引用したのとは別の文を「文戒」から引こう。

文章非它也、中華人語言也。中華語言与此方不同也。先脩有作為和訓顚倒之読以通之者、是益当時一切苟且之制、要非其至者、而世儒箕裘守為典常。

文章というは他でもない、中華の人の言語なのだ。中華の言語はこちらとは違うのである。和訓顚倒の読みでその言語に通じるようにしたのは、そのときのとりあえずのやり方であって、本当に優れた方法ではない、それなのに儒者たちはそれを規範として墨守している。

徂徠は、訓読から離れて漢文を解釈する手引書として『訳文筌蹄』を著した。そこで強調されるのは、経書を解釈するにはその言語を正しく理解する必要がある、そのためには、その言語が日本ではなく中華の言語であることを意識しなければならない、和訓で返り読みし、まるで日本の言語であるかのように読んでしまっては、必ず誤解が生じる、ということだ。それゆえ、中華の学を修めようとするなら、まず外国語としての唐話を学び、文は華音で誦し、訳は日本の口語で訳すようにしなければならないと言う。

新しい訓読

とはいえ、現代とは違って誰もが中国語を学ぶ環境を有していたわけではない時代のことであるから、訓読による学習も認めないわけではない。同時に、本来は異国の言語であるものを異国の言語として扱いながら、正しい解釈を求めて行くのが本旨であるから、和語の使用は警戒する。徂徠の弟子である太宰春台（一六八〇〜一七四七）が、訓読の弊害を縷々説きつつも、「顚倒《テンタウ》ノ読《ヨミ》ハ、吾国ノ俗習ナレバ、俄ニ改ガタシ」として、「只字ヲ読ムニ倭訓ニ読《ヨ》マズシテ叶ハザル処ヲ除《ノゾキ》テ、其外音《コエ》ニ読《ヨマ》ル、限ハ、音ニ読ベシ」（『倭読要領』巻中、読《ム》レ書《ヲ》法[23]）、つまりできるだけ訓ではなく音で読めと述べているのも、その例である。

春台のこのような考えは、寛政以降の訓読に通じるところがある。もちろん昌平黌の博士たちは朱子学を奉じているから、朱子学を否定した徂徠学派とは思想的に相容れず、また、華音直読ではなく訓読が正統と考えている。その意味では春台と立場は反対である。だが漢文に表されていることを過不足なく理解しようという方向性に変わりはない。徂徠学派以外の学者は、音読ではなく、訓読の方法を工夫することでこの問題を解決しようとした。先に述べたように、和語に直さずに字音で読むようにしたり、なるべくすべての字を読むようにする訓読法の登場である。

そうしてみると、荻生徂徠による問題提起は、立場を超えて十八世紀以降の儒者たちに共有されていたとも言える。和語に頼らない精密な読みが華音直読でなく訓読でこそ可能であることを示すために、極端に補読を減らし、すべての漢字を訓読に組みこもうとする佐藤一斎（一七七二〜一八五九）のような訓点（一斎点）が出てきたことを、こうした流れの中に位置づけることも可能だ。もちろんこうした訓読は、漢文の原意をなるべく復元しようとするものであるから、日本語の文法に合わないところがでてくる。英語の直訳調に似たものと言えるかもしれない。大槻文彦が一斎点を国文の「語格破壊の禍源罪魁にはある」［大槻 一八九七］と断じたのも、渡辺崋山、佐久間象山、中村正直らを門下に輩出した佐藤一斎が昌平黌の儒官として大きな影響力を持ったことを考えれば、ゆえなきことではない。

さて、第三章で見たように、徂徠は、中華ではとかく「読書読書」と言うけれども、自分の考えでは「読書」は「看書」に及ばないとも言っていた。「読書」とは声に出して書物を読むこと、

「看書」とは眼で字を追って読むことである。徂徠によれば、中華と日本とでは語音が違うのだから、中華の書を読むのに日本の「耳口二者」は役立たずであるが、唯一「双眼」だけは全世界共通である、また、読誦すれば和訓で返り読みするか、お経のように棒読みするしかないが、和訓で読めば意味がずれてくるし、棒読みすれば、意味がわからずに余計な憶測が生まれてしまう、そんなことなら、眼でしっかり読む方がよい、ということになる。文章が眼に熟してくれば、言外の気象が心に感ぜられるものだ、そうした「心目双照」が理想だ、とも言う。

一方で華音直読を主張しつつ、一方で眼と心で読むことを唱える。和辻の言う二重性と現象的には異なっているが、構造的には同一としてよいのではないだろうか。

眼と耳の二重性

詩の吟詠

山陽において、こうした二重性はどのように意識されていたのだろうか。この問題を考えるために、山陽にかかわる言説を、もう一つ、紹介しておこう。明治十二年生まれの作家、正宗白鳥（一八七九〜一九六二）が大正十五年の日記の中で、追憶を交えながら山陽の詩について述べているものである〔正宗 一九六八 一一八 - 九頁〕。

私は浜を散歩しながら、蟄居勉強のためにかもされる胸の鬱気を散じるために、屢々詩吟を試みることがある。私の詩吟癖は少年時代に学んだ私塾で養はれたのだが、口ずさむ者は大抵頼山陽の詩であつた。私は今も「筑後河を下る」の長詩をよく吟じる。私の少年時代には多くの学生は山陽に親しんでゐた。今でも中年以上の有識階級には山陽の書画が持囃されてゐるが、維新前後数十年の間は、山陽ほど、日本の国民性に触れた文人詩人はなかつたらしい。[…]しかし、私は多感な少年期にでも山陽の詩文によつて深く動かされたことはなかつた。「筑後河」を吟じながらも、意味を考へると、講談式浪花節式の感じがする。「遥かに肥嶺を望めば南雲に向ふ」なんか、昔の青年は喜んだのであらうが、山陽の詩想の粗雑なことを示してゐる。南雲によつて南朝を連想するなど、幼稚至極である。

「詩吟」とは、独特の節回しで漢詩を吟じることであるが、中古以来の朗詠の流れとは別に、近世以降の藩校や私塾をおもな場として広まったものだ。「蟄居勉強のためにかもされる胸の鬱気を散じる」とあるように、学校という場において心身の健康を維持する役割を担う側面もあった。そして頼山陽の詩はその名調子ゆえに「詩吟」向きだったのである。

しかし白鳥は山陽の詩を口ずさみつつも、内容には批判的である。少年期でさえ「深く動かされたことはなかつた」し、中身は「講談式浪花節式」、つまり俗情に訴えるもので、「詩想」も「粗雑」だとしか思えない。おそらくここには、近代の自然主義作家としての意識が何ほどか作用しているに違いない。帆足万里が漢文としては数段劣るものと断じたように、正宗白鳥は山陽の詩をすぐれた文藝とは見なしていない。だが、それだからこそ、訓読が身体にしみこんだリズムとしてなお生きていることが浮かび上がる。

そしてこの訓読のリズムは、詩そのものの五言や七言のリズムとは明らかに異なる。文字の並びから言えば、五言や七言のリズムで享受されるべき詩が訓読の音声によって感興をもたらしていること。つまり眼には五文字や七文字のリズム、耳には訓読の声の響き、という具合に、二重性が顕著に現れている。和辻の言う「眼」と「耳」である。

山陽の詩は、詩の韻律もきちんと踏まえられている。漢詩は字数を揃えるだけではだめで、韻を踏み、定型の律詩や絶句であれば、平仄を整える必要がある。それが韻律である。韻や平仄は基本的に隋唐の標準音によって定められているもので、時代が降るにつれて、あるいは地域によって、実際に発音されている音ではうまく行かない場合も生じる。隋唐の標準音によって字を排列した韻書が必要とされる所以である。

とはいえ、録音機など存在しない時代であるから、古音を音価として復元するのは難しく、結局、詩を朗誦するときは、今音によらざるを得ない。徂徠学派の人々が主張する華音は、基本的には今音、つまり近世の中国音であった。それでも、少なくともそれによって漢文が「中華の語言」であることが意識されるのを重視したのである。

山陽は文政元年に長崎で清国人とも筆談によって交歓しているし、華音との接触がまったくなかったわけではない。もちろん徂徠学派の直読論も世に流布していたから、当然ながらそれは視野に入っていたはずである。山陽にとって韻律と華音との関係はいかなるものとして捉えられていたのだろうか。

詩律論

この問いに答えるには、山陽が門人の小野泉蔵と交わした詩の韻律に関する問答、及びそれに因んで山陽が求めた知友の声律論が収められた『社友詩律論』が参考になろう[24]。

この書物の中心となる問答の発端は、山陽が、長崎での見聞を踏まえ、「華音学ぶに足らず」とかつて述べたことに対し、泉蔵が、それなら平仄についてもこだわる必要はないのでは、と問いを返したことにある。山陽の「華音不足学」論は、すでに詩はメロディにのせて歌うものではなく、従って音声に細かくこだわる必要もない、華音を主張するのは通訳が自慢したいだけで、詩作には関係ない、と主張するものなのであるが、そうすると、たしかに平仄は音にかかわるものであるから、泉蔵のような疑問も生じよう。

問われた山陽は、言語と時勢は移り変わるもので、韻律もまた変わるものだが、中には不変のものもある、どちらも自然の流れというものだ、として、五言七言という音数律と平仄排列という韻律は、その不変のものなのだと説明する。詩が歌われていた時代は、その歌に合わせることで吟誦することができたが、すでに詩は歌われなくなって久しい。となれば、平仄を整えなければ吟誦することもできない。それはちょうど、メロディを失った和歌が三十一文字でなければ歌にならなくなったようなものだ、と言うのである。

注意を引くのは、失われた音の代替として詩の規律はあるという主張である。つまり、中国においてさえ、古と今という隔たりがあり、日本へと拡がれば、さらに漢と和という隔たりがある。音はすでに失われてしまっている。それゆえ、李白や杜甫、韓愈や蘇軾のように独創を開きうる天才でさえ、詩の規律には従わざるを得なかったのだ。まして、我々は異国の言語によって自らの性情を叙べんとし、その音調も模糊の彼方にある以上、規律に拠らないわけにはいかない、と山陽は言う。

音はすでに失われてしまっており、ただ復元するしかなく、そのよすがとして詩律があるとするなら、まるで音が失われていないかのように華音を学ぶのは、むしろ真実の音を得るのに害をなすものだということになる。たしかに、今に伝わる音のみに寄りかかるとするなら、華音であろうと平仄に誤りが生じるのは事実である。山陽は、「今之詩人或泥其不必可学者、而犯其必可避者、是為可咲耳。僕所識舌官称解声律者、亦不免於此」、つまり、今の詩人には学ぶ必要のないところに拘って、避けねばならない過ちを犯している者がいるが、笑うべきことだ、私の知っている唐通事にも声律を解していると吹聴するのがいるが、やはりこのたぐいだ、と述べている。

じつはこうした山陽の説と同様の論は、すでに、大坂懐徳堂の朱子学者中井竹山（一七三〇～一八〇四）が述べていた（『詩律兆』巻十一、論五）[25]。

近時一二儒先言詩、以学華音為主、其意蓋謂詩原乎諷咏、華音既通、則声律諧否、古人風調、求之諷咏、皆自然而得焉。苟不之知所作、皆是邦習、令華人見之、不免匿笑。［…］以予観之、今体一定之規、存乎簡冊、欲蠲我邦沿習之弊、宜稽於斯而已矣。置之弗問、特索諸偏方

之舌、影響之餘、抑末也。［…］

近頃、詩は華音を学ぶのを主にせよと唱える学者がいる。その主張は、詩は諷詠にもとづくものだから、華音に通じれば、声律に適っているかどうか、古人の風調がどうであったかは、華音の諷詠によって求めれば、おのずと得られる、華音を知らずに詩を作ればみな和習になり、華人に見せれば、忍び笑いされるのがおちだ、というところである。［…］私に言わせれば、近体詩には定まった規則があって、書物に記載されているのであり、わが国の訛習を除こうとするなら、書物によればいいのである。それをせずに、中国ではなく長崎の通事の華音（「偏方之舌」）、それも唐代からは離れた今の音（「影響之餘」）に求めるのは、まったく本筋ではない。

華音学習を推奨する者を論難するこの文章は、まず、華音を学ばずとも詩法書に拠れば済む話だというところから始めているが、このあともさらに議論を展開し、詩が歌われるものから誦されるものになり、次いで楽府、また詩餘が同様の変化を遂げることを述べ、また唐代の音と今の音とが同じはずではないことを強調し、自然のリズムを華音の音読に求めるというのは是に似て非だと断じている。

さらに竹山は、華音を主とすべしと唱える学者の詩文を読んでみたら、文章には間違いが多く、声律も和習を脱しておらず、華音など役に立たない好例となっているとも言う。実際、『詩律兆』

では、荻生徂徠や服部南郭（一六八三〜一七五九）らの詩をいちいち点検し、詩律に合わないものの数を挙げるということまでしている。

竹山は反徂徠学者として知られ、華音学習を否定するのを門戸の見だとすることも可能かもしれない。しかし、この議論の中には、長崎出身で清客とよく交わった者の直話も引いてあって、論理の運びも、説得力がある。もちろん徂徠に溯れば、竹山が非難するような意味での華音直読を勧めたわけではない。徂徠は、学ぼうとする言語との距離を意識することが肝要だという認識をもっており、華音さえ学べばそれでよいなどとしたわけではない。しかし、表面的な技巧として華音を尊ぶ一派に非難されるべきところが多分にあったことは、想像に難くないのである。

耳を捨てよ

山陽は、竹山の反華音説に学んだと思しいが、詩律を細かく分析分類して『詩律兆』を著した竹山とは異なって、山陽の詩学は、より感覚に依拠したものであった。もう一度『社友詩律論』に戻ってみよう。山陽は、こうも述べている。

今且舍其耳而用其目、就唐宋明清諸集、逐句推験、可以知彼所謂不可変之律、別自有在、非是之謂也。

ひとまず耳を捨て眼を用い、唐宋明清の詩文集に就いて、一句一句たしかめていくなら、変えることのできない詩律というものは、それとして存在しているのであって、華音や八病のことを言うのではないことがわかる。

耳を捨てて目によって、詩律を会得する。目によって得られた詩律であれば、たしかに訓読と齟齬することはない。しかし韻律を語るのに「耳を捨てよ」とはいかにも逆説的である。徂徠が耳ではなく眼で読めと言ったことが、山陽においては、耳と眼との切り離しとして現れたというふうにも理解できる。そして、注意しておかねばならないのは、こうした考えが、訓読論の内部から出てきたものではなく、直読論によって引き起されたものだということである。

すなわち山陽は、音であるはずの韻律のために耳を捨て、意味であるはずの訓読のために耳を用いている。華音直読を経由して意識された音声の強調が、山陽においては訓読の朗誦であったと考えてもよい。

さらに、『社友詩律論』の跋として付された山陽の書簡を読むと、華音を表面的なものと斥ける一方で、古今和漢に通底する「声音之道」の存在を山陽が確信していたことがわかる。

音節諧否、不待華音者、本書已言之矣。更有一証、試取明清人評古詩者覧之、曰某篇有調者、我亦覚其有調、曰某字不響者、我亦覚其不響。如袁倉山論群山萬壑赴荊門、不可改群為千、誦而味之、信然。非意有異同、所争音節而已。是故詩之驚心動魄、総在唫誦之際、不必待細繹其義、而涕已墜之、是知声音之道、和漢無大異也。

音調が適っているかどうかに華音が必要ないことについては、本編で述べている。さらに証拠を挙げれば、明清の人が古詩を評した書物を読んで、この篇には調子があると言っている詩は私も調子があると感じるし、この字は響いていないと言う字は、私も響いていないのを感じる。杜甫の詩に「群山萬壑赴荊門」とあるのを袁枚《えんばい》が論じて、「群」は「千」ではだめだ、と言っているのは、私が誦して味わってみても、ほんとにそうなのだ。これは意味に違いがあるのでなく、音調だけの問題である。それゆえ詩が人の心を動かすのは、すべて吟誦のところにあるのであって、細かく意味を解釈せずとも、涙は流れてくる。声音の道には和漢で大きく違うところなどないことがわかる。

「総在唫誦之際、不必待細繹其義、而涕已墜之」と言う山陽の吟誦はもとより訓読である。しかしその訓読は、古人が詩に内在せしめた声音を引き出すものとして認識されている。

訓読についてしばしば言われるのは、漢文の分析的理解には直読よりも有利だということなのであるが、山陽における詩の訓読はすでにそのようなものではない。先に見たように、詩のみならず、『史記』においても、そして自身の『日本外史』においても、訓読は解釈のための行為であることを離脱して、文章から感興を引き出す行為となっている。第三章で述べた、朗誦としての訓読は、このようなかたちで広まったのであった。

和漢をこえて

頼山陽は、朗誦としての訓読に依拠することで、「声音之道、和漢無大異也」との認識に達し、和漢の境を越える普遍性へと向かった。徂徠によっていったん提起された「中華の語言」としての漢文という意識を、山陽は吟誦によって超えてしまったということになるだろうか。

山陽にとって「和習」が忌避されるべきものではなかったのは、表面的には平俗を旨としたからであるかのように見えるが、ここまで述べたことを踏まえると、むしろ「和習」という観念を支えている和漢の境界意識が「声音之道」によって無化されたからだとも言える。そしてそれは近世後期の日本における素読や詩吟の普及と、明らかに手を携えている。そうした状況の下で、頼山陽は漢詩文を、新たな文体として世に示したとは言えないだろうか。眼と耳とが拮抗しつつ内包されたパセティックな文体。功罪はともかく、明治のことばが生まれる素地に、たしかにそれはなっているのである。

第五章　新しい世界のことば——漢字文の近代

翻訳の時代

東アジアの近代

漢字世界の近代とは何だろうか。

本章は、二つの角度からこの問題に取り組んでみたい。一つは翻訳、もう一つは訓読体である。まず、翻訳から考えよう。

東アジアの近代は、翻訳の時代である。翻訳によって近代が始まったかどうかについては議論の余地があるだろうが、翻訳が近代を加速したことは疑いない。翻訳は、新たな世界観と文体をもたらした。

漢字圏における翻訳は近代になって始まったものではない。古くは後漢の仏典の漢訳に始まり、明清期には、キリスト教宣教師たちが洋書の翻訳にあたった。それらがもたらした影響は決して小さくはなかったが、六朝期の仏教が老荘思想の用語で解釈されたり（格義仏教）、イエズス会の宣教師が現地の信仰や習俗に配慮した布教や翻訳を行なったり（適応主義）ということが典型的に示すように、中国の社会や文化に根底的な変革を迫るものとしては振る舞わなかった。近代の翻訳は、前近代のそうした翻訳とは大きく異なっている。

翻訳がどのような文体によって担われたか、その文体は社会においてどのような役割を果たしたかという問いを立てれば、違いはいっそう見やすいものとなろう。漢訳仏典も明清期の翻訳も、たしかに従来とは異なった語彙を作り、とりわけ仏典では語法面における特徴も指摘しうるが、全体としては文言文（漢文）の変異体の一つとして認識しうるものであり、しかもそれが社会の中心的な語彙や文体になったわけではない。

それに対し、近代の翻訳がもたらした語彙と文体は、東アジアのそれぞれの地域において、それまでの伝統的な語彙と文体にとってかわった。しかしそれは、当然のことながら、たんなる流入や交替ではない。伝統的な知や文体は放棄されたのではなく、翻訳によって新たな要素が加えられ、全体が組み換えられ再編されて、新たな知や文体が形成されたのである。

その経緯を探るために、まず日本における蘭学の翻訳がどのようなものであったか、考えてみよう。

蘭学の翻訳

十八世紀、享保の改革によって公に認められるようになった蘭学は、近代日本の翻訳の起点である。翻訳という概念を広くとれば、これまで述べたように漢文の訓読や和訳も翻訳のうちに入るが、それらは漢字圏内部における本文解釈の一形態であるとも言え、漢字圏の外部の言語、すなわち西洋語からの翻訳とは、自ずと性質を異にする。その意味では、享保の改革で輸入が緩和された漢訳洋書も、新知識の導入としては大きな意義はあったものの、すでに漢文に翻訳されていたために、漢籍の延長として位置づけうるものであった。
　オランダ語からの翻訳は、日本の知識人にとって新たな経験をもたらした。杉田玄白『蘭学事始』（一八一五）は『解体新書』（一七七四）の翻訳について、「誠に艫舵なき船の大海に乗り出せしが如く、茫洋として寄るへきかたなく只あきれにあきれて居たる迄なり」と述懐する〔杉田・緒方 一九八二〕。注意すべきは、その翻訳が漢訳、つまりオランダ語から漢文への翻訳だったことである。
　なぜオランダ語から漢文への翻訳だったのか。一つには、旧来の医学書が基本的に漢籍であり、漢文が学術の文体として権威をもっていたこと、もう一つは、彼らが中国の読者のことも意識していたことが、理由として挙げられる。大槻如電は、祖父の大槻玄沢の文章をまとめた『磐水漫草』の跋に以下のように述べている〔大槻 一九一二〕。

曾聞、杉田先生之訳定解体新書、意在執和蘭実験説、一洗医風。然不翻以国文、而漢文記之、如彼。抑亦有説。医家皆奉漢法、苟非革其根底、則不能果其志。其訳用漢文、望伝之支那、而警覚彼土医林也。

かつて聞いたことだが、杉田先生が解体新書を訳し定めたとき、その意図はオランダの実験の説をもって、医風を一新しようというところにあった。けれども国文で訳さずに漢文で書くこと、あのようである。それもまたわけがある。医者はみな中国の医術を奉じているのだから、その根底を変えなければ、医風を一新しようという志は果たせない。漢文で訳したのは、中国にそれを伝えて、彼の地の医者たちの目を覚まそうと望んだのである。

漢方医たちの認識を変えるには、中国の医者の認識を変えねばならない、そのためには漢文でなければならない、というわけである。

しかしオランダ語からの翻訳が常に漢訳であったわけではない。というよりも、翻訳がさかんになるにつれて、その文体は漢字仮名交りを用いることが主流になったと思われる。たとえば幕府の事業として文化八年（一八一一）から行われたオランダ語の百科事典の翻訳（『厚生新編』）の稿本は、漢字平仮名交りの文体で書かれ、地理書の翻訳である青地林宗訳『輿地誌略』は漢字片仮名交りの文体で書かれている。『ハルマ和解』（一七九八、九九）、『訳鍵』（一八一〇）、『改正増補訳鍵』（一八五七）、『和蘭字彙』（一八五五、五八）などの蘭和辞書［永嶋 一九九六］は、すべて漢字片仮名交りで訳語や訳文が書かれていた。

『和蘭字彙』から例を引いて見よう。

図10にあるように、natuur に「性質」や「生得」の訳語があてられ、De gewoonte is eene tweede natuur. という例文は「仕《し》癖《くせ》ハ二番目ノ性質ナリ」と訳されている。「仕癖」に対応するのは gewoonte である。gewoonte は gewoon の派生語なので、そちらを引いてみると、gewoon に「馴タル又仕癖ニナリタル」の訳語があてられ、Zÿ is gewoon zoo te handelen. という例文は「彼女ハ左様ニスルガ癖デアル」と訳されている。さらに gewoonte の項を見れば、gewoonte は

「風儀又習俗又癖」と訳されている。[26]

ここに用いられている漢語は、漢籍に見られるものばかりではない。「性質」や「生得」、「風儀」や「習俗」は漢籍に由来する古典漢語だが、「仕癖」は和語に漢字を宛てたものである。「二番目」という言い方も、漢文のものではない。漢字片仮名交りであることから、一見して漢文脈かと思わせるが、語彙としては和漢混淆体の候文に近い。「彼女ハ左様ニスルガ癖デアル」は、オランダ語の影響を強く受けつつ、「左様ニスルガ」とあるように、やはり漢文脈ではない。

興味深いのは、De gewoonte is eene tweede natuur. という例文である。当時の知識人であれば、この例文から、「習与性成（習い性と成る）」（『尚書』太甲上）や「習慣若自然也（習慣は自然のごとき也）」（『孔子家語』七十二弟子解）といった古典の句を想起しても不思議はない。

だがここで示された訳は、「仕癖ハ二番目ノ性質ナリ」である。漢籍に由来する語ではなく、より和文に近い書きことばとして、訳語や訳文が考えられていたとしてよいであろう。そのことは、後に述べるように、現在では Habit is second nature. の訳文がおおむね「習慣は第二の自

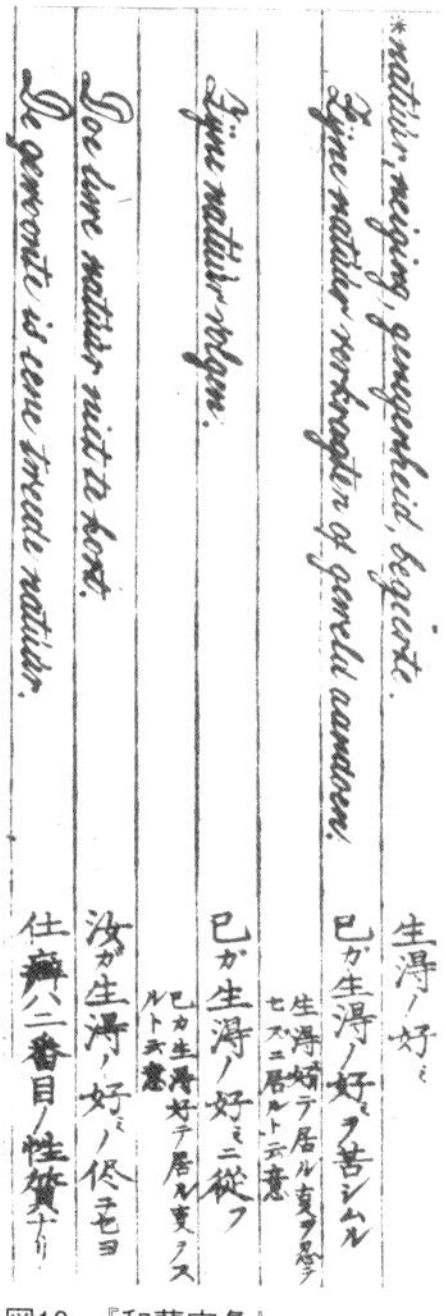
*natuur, neiging, genegenheid, begeerte. 生得ノ好ミ
Zijne natuur verkragten of geweld aandoen. 已ガ生得ノ好ミヲ苦シムル
Zijne natuur volgen. 已ガ生得ノ好ミニ従フ
Doe uwe natuur niet te kort. 汝ガ生得ノ好ミノ侭ニセヨ
De gewoonte is eene tweede natuur. 仕癖ハ二番目ノ性質ナリ

図10 『和蘭字彙』
［桂川・杉本 一九七四］より

然」もしくは「習慣は第二の天性」とされることと好対照を為している。そしてこの「仕癖」から「習慣」への転換こそが、近代における漢字漢語の位相を象徴的に示しているように思われる。

英華辞典の奔流

福澤諭吉は、「福澤全集緒言」で次のように述べている［福澤 一九六九］。

［…］江戸の洋学社会を見るに、著訳の書、固より多くして何れも仮名交りの文体なれども、動《やゝ》もすれば漢語を用ひて行文の正雅なるを貴び、之が為めに著訳者は原書の文法を読砕きて文意を解するは容易なれども穏当の訳字を得ること難くして、学者の苦《くるし》みは専らこの辺に在るのみ。其《その》事情を丸出しに云へば、漢学流行の世の中に洋書を訳し洋説を説くに文の俗なるは見苦しとて、云はゞ漢学者に向て容《かたち》を装ふもの丶如し。

「漢学流行の世の中に洋書を訳し洋説を説くに文の俗なるは見苦し」という感覚を翻訳者がもっていたとすれば、さしずめ「仕癖ハ二番目ノ性質ナリ」などは改められるべき文体と認識されたに違いない。翻訳にあたって由緒ある漢語を用いようとする傾向があることは、否定できない。福澤は触れていないが、中国から輸入された漢訳洋書、さらには『解体新書』など日本で漢訳された蘭書が一つの手本となっていた可能性もあるだろう。前近代の東アジアにおいて漢文は普遍性をもつ言語であったから、洋学の普遍性を信じればこそ漢文的な措辞に傾いたという理解もできる。いずれにしても、「仮名交りの文体」が主流であった翻訳の文体において、漢文脈の引力が語彙や選択にあたって働き続けていたことはたしかである。

さらに注意すべきは、十九世紀になって英華辞典、すなわち英語と漢語の対照辞典がさかんに出版されたことである。オランダ語の翻訳にあたっては参考にすべき蘭華辞典はなかった。一方、英華辞典は、一八一五年から二三年にかけて刊行されたロバート・モリソン（馬礼遜）『中国語辞典』に始まり、S・W・ウィリアムス（衛三畏）『英華韻府歴階』（一八四四）、W・H・メドハースト（麦都思）『英華字典』（一八四七-四八）などが陸続と出版された。これらの辞書がいわゆる新漢語の生産と伝播に大きな役割を果たしたことはつとに知られているし、日本の英和辞典に与えた影響も小さくない。そして近代初頭の日本に最も大きな影響を与えた英華辞典としては、W・ロプシャイト（羅存徳）『英華字典』（一八六六-六九）を挙げねばなるまい。英華辞典としての規模はそれまでで最も大きく、日本にも多く舶載された。中村正直校正『英華和訳字典』（一八七九-八一）はそれを和訳したもの、井上哲次郎『訂増英華字典』（一八八三-八五）はさらにJ・ドゥーリトル『英華萃林韻府』（一八七二）などを参照して訳語を増やしたものである〔宮田二〇一〇〕。

英華辞典の影響は、従来から指摘されているような新漢語の生産にのみあるのではない。そのことを説明するために、まず実際にロプシャイト『英華字典』からcustom（図11）とhabit（図12）、メドハースト『英華字典』からnature（図13）の項目を見よう。

訳語として列挙された漢語を見ると、伝統的な語彙に混じって、通俗的な語（たとえば「幇襯

Custom, established mode, 規矩 ˏkw'ai ˋkü. Kwei kü, 慣例 kwán' lai². Kwán lí, 風俗 ˏfung tsukˎ. Fung suh, 習俗 tsápˎ tsukˎ. Sih suh; established practice, 常規 ˏshéung ˏkw'ai. Cháng kwei, 定規 teng² ˏkw'ai. Ting kwei; to give one's custom to a tradesman, 幇襯人 ˏpong ch'an' ˏyan. Páng ch'in jin; let me have your custom, 幇襯我 ˏpong ch'an' ˋngo. Páng ch'in wo; it is his custom, 慣經 kwán' ˏking. Kwán king; it is his custom to go there, 常慣去彼 ˏshéung kwán' hü' ˋpí. Cháng kwán k'ü pí, 去慣 hü' kwán'. K'ü kwán; it is not my custom to act in that way, 唔慣噉做 ˏm kwán' ˋkòm tsò²; custom is second nature, 慣習自然 kwán' tsápˎ tsz² ˏín. Kwán sih tsz jen, 習慣成自然 tsápˎ kwán' ˏshing tsz² ˏín. Sih kwán ching tsz jen; the Chinese custom, 唐人禮 ˏt'ong ˏyan ˋlai. T'áng jin lí, 唐人規矩 ˏt'ong ˏyan ˏkw'ai ˋkü. T'áng jin kwei kü, 唐人嘅習俗 ˏt'ong ˏyan ké' tsápˎ

図11　ロプシャイト『英華字典』
［Lobscheid・那須　一九九六］より

Habit, dress, 衣裳 ˏí ˏshéung. Í cháng, 衣服 ˏí fukˎ. Í fuh, 衫褲 ˏshám fú'. Sán k'ú; a coat worn by ladies over other garments, 外衫 ngoi² ˏshám. Wái sán, 大衫 tái² ˏshám. Tá sán; practice, 習 tsápˎ. Sih, 習俗 tsápˎ tsukˎ. Sih suh, 習慣 tsápˎ kwán'. Sih kwán; in the habit of, 慣經 kwán' ˏking. Kwán king, 常慣 ˏshéung kwán'. Cháng kwán, 習熟 tsápˎ shukˎ. Sih shuh; manner, 風 ˏfung. Fung, 風俗 ˏfung tsukˎ. Fung suh; custom, 規矩 ˏkw'ai ˋkü. Kwei kü; by habit, 常常 ˏshéung ˏshéung. Cháng cháng; habit makes things natural, 習慣成自然 tsápˎ kwán' ˏshing tsz² ˏín. Sih kwán ching tsz jen; habit becomes second nature, 久行成性 ˋkau ˏhang ˏshing sing'. Kiú hang ching sing; in the habit of drinking, 慣飲 kwán' ˋyam. Kwán yin, 常飲酒 ˏshéung ˋyam ˋtsau. Cháng yin tsiú; in the habit of walking, 慣行 kwán' ˏhang. Kwán hang; to change one's habit, 改習 ˋkoi tsápˎ. Kái sih; to cut off old habits, 盡去舊習 tsun² hü' kau² tsáp. Tsin k'ü kiú sih; done from habit

図12　ロプシャイト『英華字典』
［Lobscheid・那須　一九九六］より

人」）や広東方言（たとえば「唔慣噉做」）があることに気づく。そしてそれらがすべて何らかの英語と対応させられている。そしてこの大量の漢語の混在――漢語語彙の階層性の破壊――こそが、英華辞典のもたらした最も大きな効果であったのではないか。

例文を見ても、Custom is second nature. や Habit makes things natural. また Habit becomes second nature. あるいは Use is second nature. の訳文として、「習慣成自然」、「慣習自然」、「久行成性」、「習久成性」、「習慣如天

Nature, 性 síng, 理 lè, 性理 síng lè, 天地 t'hëen té; nature's operation in the production of things, 靡盪 mô t'háng; nature supplying its own defects, 彌綸 me lûn; the great author of nature, according to Chinese ideas, 大鈞 tá keun, 洪鈞 húng keun, 大塊 tá k'hwaé, 皇天后土 hwâng t'hëen hów t'hoò; the course of nature, 天地運氣 t'hëen té yún k'hé; the light of nature, 本體之命 pùn t'hè che míng, 凡人所稟之天理 fán jîn sò pin che t'hëen lè; use is second nature, 習久成性 seïh kéw ching síng, 習慣如天性 seïh kwán joô t'hëen síng.

図13　メドハースト『英華字典』
［Medhurst　一九九四］より

性」が並べられているが、「習慣成自然」や「習慣如天性」は前述の「習慣若自然也」に近く、「慣習自然」はその四字熟語化、「久行成性」や「習久成性」はより通俗的な四字熟語であろう。すなわち、漢語のさまざまなバリエーションがここには示されている。その一方で、伝統的な字典や韻書に見られるような出典の明示はない。

ここにおける漢語は、英語英文の訳として雑多に並べられたおかげで、媒介としての性格を強く印象づけている。漢字という文字の特質の第一はその表語機能にあり、訳語としての新漢語もその機能を生かして造語されたわけだが、それを可視化する効果が英華辞典にはあったのである。また、通俗語彙や方言語彙が古典的語彙と区別なく並べられることで、新奇な語彙への抵抗が弱まり、新たな漢字表現への道を拓いたとは考えられないだろうか。

漢文脈の再編

『哲学字彙』と『民約訳解』

井上哲次郎他『哲学字彙』（一八八一）は、近代日本における翻訳語の制定と伝播に大きな役割を果たした書物として知られるが、その「緒言」に次のような一条がある［飛田 一九七九］。

先輩之訳字中妥当者、尽採而収之、其他新下訳字者、佩文韻府・淵鑑類函・五車韻瑞等之外、博参考儒仏諸書而定、今不尽引証、独其意義艱深者、攙入註脚、以便童蒙。

先学の訳語のうち妥当なものは、すべて採用し、そのほか新たに訳語を定めたものは、佩文韻府・淵鑑類函・五車韻瑞などのほか、広く儒仏の諸書を参考にして定めた。いますべて引証しないが、その意味の難解なものについては、注として挿入して、童蒙に便ならしめた。

「先輩之訳字中妥当者」は、おもに漢訳洋書や英華辞典に由来するものとしてよい。さらに、新しい訳語は、康熙帝勅撰の韻書『佩文韻府』、同じく康熙帝勅撰の類書『淵鑑類函』、さらに『佩文韻府』のもととなった明の韻書『五車韻瑞』などのほか、広く儒学や仏学の書を参照して定め、必要によって注記を加えたと言う。たとえばそれは「Coexistence 倶有　按倶有之字、出于倶舎論、又唐杜甫詩、向窃窺数公、経綸亦倶有、又用共存之字可」（初版）のようなものであった。ちなみに杜甫の詩は「送重表姪王殊評事使南海」詩であるが、こうした注記は、その語が仏典や漢籍に存在することを示すのみで、その文脈を引き継いで訳語とされたことを意味しない。今日の目から見れば、ここでこの杜甫の詩を引く必要すらないだろう。

では『哲学字彙』の訳語とはどのようなものであったか。custom と habit、そして nature を例に挙げよう。

Custom 風俗、習慣、関税（財）、

Habit　気習、

Nature 本性、資質、天理、造化、宇宙、洪鈞、万有、

英華辞典と一致するものが多いことは一目瞭然だが、「仕癖」のような和語にもとづく漢字語がまったく見られないことにも注意が必要である。「先輩之訳字中妥当者、尽採而収之、其他新下訳字者、佩文韻府・淵鑑類函・五車韻瑞等之外、博参考儒仏諸書而定」と「緒言」に言うとおりであろう。たとえばhabitの訳語の「気習」は、ロプシャイト『英華字典』にもメドハースト『英華字典』にも見られないが、漢籍ではそれほど珍しい語彙ではなく、『佩文韻府』の「習」の項にもある。近世日本の文書にも使われていたから、井上たちの使用語彙の範疇にあったと見てもよいのだが、そうだとしても、漢籍にあるかどうかは重要であった。

つまりここで為されている翻訳の作業は、蘭和辞典の翻訳とも、英華辞典の翻訳とも、大きな違いがある。蘭和辞典は、オランダ語を日本で通常使われていることばの範疇でなるべく訳そうとしたものであるし、英華辞典は、雅俗を問わず網羅的に、英語に相当する中国語を列挙したものであった。もちろん新語が創出されることはあったが、しかしその割合は必ずしも高くはない。現地語に翻訳可能であることがむしろ前提となっている。ところが『哲学字彙』の場合は、英語の空間と日本語の空間が別のものとして捉えられ、翻訳の不可能性とまでは言わなくても、その困難が最初から認識されている。一九一二年版の『英独仏和　哲学字彙』の英文序で、井上は以下のように述べている［井上他 一九一二］。

As the occidental philosophy was for the first time introduced into Japan not long after the Restoration, it has been very difficult for us to find exact equivalents in our own language for the technical terms employed in it. One and the same term had sometimes been translated by various expressions which might be considered quite distinct in their signification by readers unacquainted with the original. It was, therefore, very necessary to settle finally the Japanese equivalents of the European technical terms.

西洋の哲学が維新後まもなく日本に最初に入ってきたとき、それに用いられている学術用語に正しく相当する訳語を私たち自身のことばの中から見いだすことは、たいへんに困難であった。同一の用語がしばしばさまざまな表現に訳され、原文を知らない読者にはまったく別の意味に受け取られかねなかった。それゆえ、ヨーロッパの学術用語に日本語の訳語をきちんと定めることが、まさに必要とされたのだった。

つまり、西洋の哲学を等価に表しうる言語空間を、新しい日本語によって構築することを求めているのである。その言語空間は、日常の言語空間とは異なる、抽象性の高いものとして捉えられていた。その態度は、例えば前述の福澤諭吉の見解とは大きく異なっている。福澤の先の引用に続く文章も読んでみよう。

蓋し百年来の翻訳法なれども、斯くては迚も今日の用を弁ずるに足らざるを信じ、依て窃に工風したる次第は、漢文の漢字の間に仮名を挿《さしはさ》み俗文中の候《そろ》の字を取除くも共に著訳の文章を成すべしと雖《いえど》も、漢文を台にして生じたる文章は仮名こそ交《まじ》りたれ矢張《やは》り漢文にして文意を解するに難《かた》し。之《これ》に反して俗文俗語の中に候《そろ》の文字なければとてその根本俗なるが故に俗間に通用すべし。但《ただ》し俗文に足らざる所を補ふに漢文字《かんもんじ》を用ふるは非常の便利にして、決して棄《す》つべきに非《あら》ず。行文《こうぶん》の都合次第に任せて遠慮なく漢語を利用し、俗文中に漢語を挿《さしはさ》み、漢語に接するに俗語を以《もっ》てして、雅俗めちゃ〳〵に混合せしめ、恰《あたか》も漢文社会の霊場を犯してその文法を紊乱《びんらん》し、唯《ただ》早分りに分り易《やす》き文章を利用して通俗一般に広く文明の新思想を得せしめんとの趣意《しゅい》にして、［…］

福澤の訳文が近世日本の常用語彙を多用したことはよく知られているが、その成り立ちはこのようなものであった。むろん福澤にしても翻訳の困難さを自覚していたことは疑いない。しかし、実用の学の普及を主眼としていたこと、また、文明の普遍性を強く認識していたことなどが、こうした態度を導いた。

井上たちは、西洋の思想を西洋の思想として理解するために、等価となりうる訳語の選定に意を砕いた。それは日常語からではなく、抽象語である漢語から構成された。この方法は、第四章で述べた、漢文を漢文としてなるべく和語に直さずに読もうとした近世後期の漢文訓読の技法と共通する。英文読解の方法が漢文訓読の方法を真似ていることがよく指摘されるが、訓読の影響を言うのであれば、こうした思考法の継承にも意を払うべきであろう。新しい言語空間の構築こそ、井上たちの目指したものだったのである。

漢語漢文が古典としての規範を離れ、西洋諸語との等価性を担うことばとして位置づけ直されたことによって、中村正直による次のような試みも意味をもつことになる（中村正直「年報」明治十四年十二月）〔東京大学史史料研究会 一九九三〕。

毎月大約二三次ハ作文ヲ試ミタリ、ソノ文ハ之ヲ添削シ或ハ評語ヲ加ヘ以テ之ヲ奨励セリ、文題ハ我ヨリ出スコトアレドモ、大抵ハ学生ヲシテ平日ソノ読メル英書ヨリ一二章ヲ抽キ出シ、漢文ヲ以テ翻訳ナサシメタリ、コレハ余少シク英書ニ通スルノミナラズ、該学生固ヨリ英学ヲ可ナリニ能クスルコトナレバ、カクノ如キ課業ハ後来ニ至リ英漢対比スル訳文ヲ造ルノ時ニ補益アルベシト思ヘルナリ、又目今ノ利便ニモ漢文ヲ作リナガラニ英文モ細読シ訳語ヲ考求シ得ベク、功力分レズシテ一挙両得ノ益アルベシト思ヒタルガ故ナリ、学生モコノ挙ヲ喜ビ、勉強シテ従事セシカバ一学年ノ終ニハ大ニ進歩ヲ見ハシ、余ガ意ヲ満足ナサシメタリ。

東京大学における漢作文の授業において、英文からの翻訳を課題とし、大いに成果を挙げたと言うのである。「訳語ヲ考求シ得ベク」とあるのはまさに『哲学字彙』と同様の試みであったとしてよい。『哲学字彙』出版は明治十四年であるから、時期も重なる。
また、西欧語を漢文に翻訳する試みとしては、中江兆民がルソーの『社会契約論』を翻訳した『民約訳解』（一八八二）を忘れてはならない。これについては、飛鳥井雅道による興味深い指摘がある［飛鳥井 一九九九］［中村 二〇一一］。

［…］幕藩制の枠内で飽和点に達していた読み書きへの欲求の文化的エネルギーが、教育の解禁とともに、識字熱として庶民のあいだに奔出したのである。［…］兆民はこの文化的噴出の最先端をゆき、漢字文化のもっとも有利な部分、すなわち論理的徹底さと厳密性を、漢文によって試みようとしたのであった。／したがって、漢文は兆民にとって、論理的思考を展開するための実験的言語の位置をも占めることになった。［…］そして漢文には、日本、中国それぞれにおいて、仏教／儒学の論理的構築に携わってきた長い経験が蓄積されていた。

『民約訳解』そのものは日本では広く読まれたとは言い難いが、中国では『民約通義』（一八九八序）の名で海賊版が出ている。井上哲次郎や中江兆民は、あくまで新しい言語空間のために漢語漢文を用いたのであったが、結果的にそれは東アジア全体への伝播を可能とした。当然のことながら、『解体新書』が漢訳されたことの理由の一つとなっているように、中国が旧文明の中心であることは意識されていたはずだから、東アジアにおける普遍性が考えられていなかったわけではない。『哲学字彙』には初版にも改訂増補版にも「清国音符」として中国漢字音をラテン文字

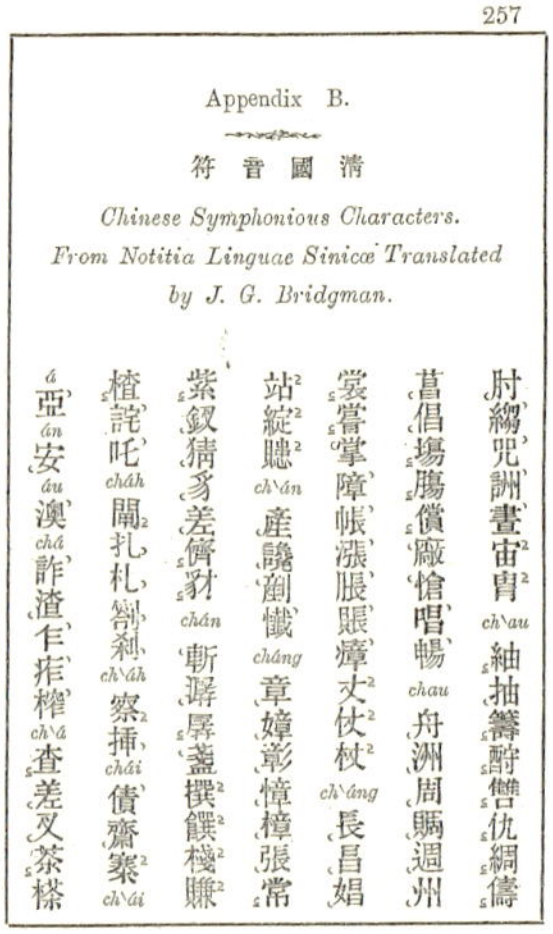
257

Appendix B.

符音國清

Chinese Symphonious Characters.
From Notitia Linguae Sinicæ Translated
by J. G. Bridgman.

図14 『改訂増補哲学字彙』清国音符
［飛田・琴屋 二〇〇五］より

で記したものが付されており（図14）、ここでも中国の言語空間が意識されていることがわかる。

しかしながら、この「清国音符」は、いわば一つの規則として提示されているのであって、必ずしも現地音がどうであるとかということではないだろう。その標題にChinese Symphonious Characters, From Notitia Linguae Sinicae Translated by J. G. Bridgmanとあるように、これはイエズス会宣教師のプレマール（J. H. M. Prémare）によって一七二〇年に出版されたNotitia Linguae Sinicae（『中国語文注解』）からブリッジマン（J. G. Bridgman）が英訳して示したものである。言うなれば、『哲学字彙』が漢訳洋書の系譜を参照していることを明示するものであって、基点はやはりヨーロッパに置かれている。

このようにして、漢語漢文の世界が西欧語との対照によって再編され、新しい漢語漢文の世界が形成された。伝統的な漢語の中に新しい漢語が導入されたのではなく、そもそも全体の配置が変わったのである。漢語漢文は基点を伝統的な漢籍から西欧の原書に移した。その言語空間は、西欧の言語空間と翻訳可能な空間として、新たに形成されたのである。そしてそれを基盤として、近代東アジアの思考と修辞は展開する。

明治期の日本において、訓読体が普通文として流通した背景には、こうした言語空間の形成があった。かつて「仕癖ハ二番目ノ性質ナリ」と訳されていた文章は、「習慣ハ第二ノ天性」と訳されることになる。中村正直訳『西国立志編』第十三編の該当箇所を原文と併せて見ておこう[斉藤他 二〇〇六]。

（十二）習慣ハ第二ノ天性

人ノ品行ハ、善キ習慣ノ力ニ頼ルコト、細々ナラズ、故ニ善キ習慣ヲ養ナヒ長ズレハ、善ニ進ミ、悪ニ遠ザカル為《タメ》ノ大裨益トナルナリ、常言ニ曰ク、人ハ習慣ノ一塊《カタマリ》肉ニシテ、習慣ハ第二ノ天性ナリト、

And here it may be observed how greatly the character may be strengthened and supported by the cultivation of good habits. Man, it has been said, is a bundle of habits; and habit is second nature.

habit の訳語としての「習慣」は、『孔子家語』の「習慣」とはすでに異なっている。もしくは、こういった翻訳が実践されていくことで、「習慣」が habit の訳語として新たな文脈を獲得するようになる。人々は、「習慣」という語を見て『孔子家語』ではなく『西国立志編』を思い浮かべるようになる。それが、漢字によって構築された近代東アジアの言語空間なのである。

訓読文と訓読体

右に見たように、『西国立志編』の文体は訓読体である。ここから先は、翻訳の文体としても大きな役割を果たしたこの訓読体について述べることとしよう。

訓読体は、明治期を代表する文体として、一般に行われ、普通文や今体文などとも称された。法律や学術書などを中心に、公的と見なされる文章は、この文体を用いるのが常であった。それをいま訓読体と言うのは、漢文を訓読した文章を模倣した文体だと考えられているからであるが、では訓読と訓読文と訓読体とはどのような関係にあるのだろうか。

漢文を訓読してできあがった文、すなわち訓読文のことは、一般に読み下し文とか書き下し文とか呼ばれる。どちらもよく使われているが、訓読という読みを文にすることに意識が向けば読み下し文、訓読の結果を書いていくという意識なら書き下し文ということになろう。いずれにしても、漢文を訓読して日本語の語順になおした文章をそういうふうに呼ぶようになったのは、古いことではない。近世はもとより明治初年にあっても、その呼称は一般的とは言えない。

では、何と呼ばれていたのか。例えば明治十一年刊『評点小文軌範』（上野道之助、宝文閣）は、作文の手本として名家の漢字片仮名交り文を集めた書物で、もとは漢文であったものを書き下しにして載せる例が多いのだが、それを「原文大半漢文ニ係ル、今之ヲ訳シテ初学ニ便ス」（「凡例」）と説明している。また、明治十三年刊『今体初学文範』（第一編、渡辺碩也、博文堂）も同様の作文書だが、やはり「必ス通俗文ニ訳シテ」や「漢文ヲ俗訳スル」（「例言」）としている。「通俗文」とは訓読体の漢字片仮名交り文の謂《いい》であり、書き下し文はまず漢文の「訳」文として捉えられていた。現在は、訳注書であれ入試問題であれ、漢文の訳と言えば他の外国語の訳がそうであるように現代日本語であって、書き下し文はあくまで訳とは別のものと理解されているが、言文一致体が普及する以前においては、荻生徂徠の主張も空しく、書き下し文こそが漢文の「訳」であった。

　類似の言い方として、「解」、すなわち「国字解」や「和解」を挙げてもよい。それは一般に和語による解釈や通釈として理解されることが多いが、書き下し文もまた「国字解」や「和解」のうちに含まれていたのである。『訓蒙日本外史』（大槻誠之、挹風館）と『啓蒙日本外史』（大槻誠之、何不成社）はともに大槻東陽（誠之）が『日本外史』を初学者向けに書き下し文にした書物で、明治七年に踵を接して上梓されているが、本文の文体について「国字解」「和解」（『訓蒙日本外史』東陽序）、「俚言之解」（『啓蒙日本外史』東陽序）と称しているのは、その例である。どちらの見返しにも「東陽大槻誠之解」とあるように、それは「啓蒙」もしくは「訓蒙」のための「解」であった。

　また、その「訳」や「解」の機能が、作文の手本にしやすかったり文意を理解しやすかったりに止まるものでなかったことにも注意しておかなければなるまい。明治九年刊『習文必用』（高島正清、万青堂）は、漢字片仮名交りの書き下しを巻一に「訳文」として並べ、巻二にもとの漢文を「原文」として配し、「訳文」には「原文」の字数も注記される。つまりこの「訳文」は、漢文を基点において、そこに復し得ることを前提とした文である。復文は漢文学習の基本であり、書き下し文は漢文に復されることを待っている文でもあった。

そして、書き下し文の外延として漢字片仮名交り文が把握されている限り、もととなる漢文が存在せずとも、その文体は漢文に照らすことを常に求められてしまう。漢文の助字を解説する『助語便蒙　作文須携』（鈴木貞次郎、中村熊次郎版、明治九年）に「方今盛《サカ》ンニ行ハル、新聞体ノ文章ヲ作ルヲサヘモ助字ハモットモ緊《キン》要ニシテ」「漢文或ハ新聞体ノ文章ヲ作ルヲ習《ナラ》フ助《タス》ケト為シ」（「凡例」）とあり、漢字片仮名交り文と漢文をともに学ばせる『育英文範』（亀谷行、東京光風社、明治十年）に「今ノ所謂片仮名文ハ、其源漢文ニ出ツ、故ニ法ヲ漢文ニ求メザルヲ得ズ」（「例言」）とあるように、「新聞体」や「片仮名文」、つまり訓読文に倣って作られた訓読体の普通文もしくは今体文は、規範を漢文に求めるのが一般的な意識であった。

興味深いことに、出発点においてそのような意識をともなっていた訓読体は、明治になって公的な文体としての地位を獲得し、漢字圏における近代通用文体となった。日本ではなく、漢字圏における近代通用文体といま言うことの意味は後に述べよう。訓読体は、当時にあっては、通俗文、今体文、新聞体、片仮名文等々と呼ばれたものを含み、境界を厳密に画定できない場合もある。一定の文体として固定されているというよりは、訓読文をベースにしつつ、その羈絆を次第に脱していくというところに、その性質の核心があるのだと理解すべきだろう。

「書き下し」の思想

明治以前、公的な文章は訓読体ではなく漢字平仮名交りの候文であった。江戸開府以降、詔勅はほとんど出されることがなく、公的な布令は基本的に幕府の御触書として示されたが、その文体は漢字平仮名交りの候文である（幕末になって頻繁に出されるようになった詔勅は漢文である）。また、読み書きを習うための教本である「往来物」においても、候文が基本とされ、御家流で書かれた漢字平仮名交り文が学ばれた。つまり、日用から公儀に至るまで、書きことばの標準は候文にあったのである。とはいえ、候文と一口に言っても、使い手によってそのすがたはかなり異なっていた。

文部省による明治七年刊の作文教科書『書牘』の冒頭「日用文緒言」を見てみよう。

方今通用の往復書簡は男女を分ち男は都て顚倒語を用ゐ女は概書下しを用ゐ来れり然れとも今日に在て男女文を異にする時は日常交際上に於て障礙なきこと能はす故に此書は男の文の顚語と女の文の無用の辞とを改めて男女を通し同く書下しの体裁に定めたるなり既に書下しの体裁に定むるを以て目途となす時は速に顚倒語の書簡を廃せすはあるべからすと雖数百年来の慣習一日の能改むる所に非れば此書姑く今日通用の書簡の体裁をも其後に附載せり

近世の女性の書簡はもちろん漢字片仮名交りの訓読体ではなかったから、「書下し」は訓読文でも訓読体でもないことは明白である。それは「顚倒語」に対して言われているのであって、その「顚倒語」も『日本外史』のような漢文をただちに指すのではない。この「緒言」に従って「顚倒語」の例を巻三以降に徴すれば、「以手紙致啓上候」や「葡萄一籠風味如何可有之哉無覚束候へとも任到来御目に懸候間御笑留可被下候」などであり、「書下し」の例を巻一から拾うと、「一筆啓上致し候」や「御庭園へ御植付に相成候船来種之菓物熟し候由にて沢山御投与下され有難く御礼申述候」などである。つまり「難有」と「有難く」、「被下」と「下され」のような違いが男女の用いる文章の違いにあるということなのだ。もちろん、この男女の違いは、公用と私用の対比にもある程度対応している。「顚倒語」が多ければ多いほど、その文章は格式ばったものとなる。

書記体の近代化を目指した文部省は、「男女を通し同く書下しの体裁」に改めることを目標に置く。ここで「書下しの体裁」とするのは、読む順のままに字を書くということであり、それこそが肝要と見なされたのであった。その意味では、訓読文も訓読体も言文一致体もすべて「書下し」なのであった。後に日本の点字を創始した石川倉次が文福斎の名で明治十五年六月十四日付『時事新報』において漢字の廃止と仮名の専用を主張した記事の題は、「日本普通文ハ仮字ニテ日常説話ノ儘ニ書下スベシ斯クスルトキハ日本人ニ広大ナル利益アルコトヲ論ズ」であった。「書下ス」とは、読むまま話すままに書くことなのである。

直読すべき文章

明治九年二月二十八日付『東京日日新聞』に掲載された海内果「明治宝典ノ文体ヲ論ズ」は、次のように云う。

> 維新ノ後チ選修スル所ノ新律ヤ彼ノ曲折シテ読ムベキ支那文ヲ用ヒズシテ直読スベキ片仮名雑リトナス其ノ卓見果断以テ前賢ニ超越スルヲ証スベシ

「曲折シテ読ムベキ」文章から「直読スベキ」文章への転換。海内は、この引用に続けて、とはいえ法令の文章には「高尚ナル支那語（所謂ル漢語）」が用いられているために「尋常ノ教育ニ止マルノ人民」には理解しがたいままだと批判するのだが、それは「直読」を前提にしているからこそ可能な議論であろう。

　五箇条の御誓文がすでにそうであったように、詔勅も漢文から訓読体への移行が進み、法令を始めとして、公的性格の強い文章は、新聞などのメディアを含めて、ほとんど漢字片仮名交りの訓読体を採用した。現代の私たちにとっては、候文に比べると訓読体の方が難しいように見えるかもしれないが、当時にあっては、「顚倒語」を駆使した候文よりも近代的なものとして捉えられていたのは間違いない。そこには、文字は読まれるべき音声の順に配置されるべきだという考えがある。あるいは、音声化されることを前提として書かれるべきだという考えだと言い換えてもよい。

明治初年の話しことばにおける漢語の流行についても、こうした状況を踏まえて理解しなければなるまい。「直読スベキ片仮名雑リ」が文章の主流となることと漢語が人々の口に上りやすくなったこととは相関しているだろう。もちろん、教養のひけらかしといった動機や新漢語の大量発生という背景はあるにしても、それ自体がそもそも「直読スベキ片仮名雑リ」文というしくみがあってこそ成立するものだったのではないだろうか。漢学の素養を有する書生たちが天下を取ったというだけでは、説明にはなりにくい。やはり、ことばのしくみの転換があったと考えるべきであろう。

さらに言えば、この転換は、近世後期、漢学が教育の基礎に位置づけられ、漢文、つまり「曲折シテ読ムベキ」文が広く学ばれたことを前提にしている。逆説的な言い方になるが、「書下し」の文章しかなかったなら、わざわざ「直読スベキ」文章を称揚する必要はない。文章は「直読スベキ」ものだと気づくことすらないかもしれない。日常のことばとは異なった「曲折シテ読ムベキ」文の普及が、そうではない文章の価値を認識させたとも言える。

また、「読ム」という行為があらかじめ前景化していたことにも注意が必要である。訓読体そのものは、もちろん明治に始まる文体ではない。近世の実用文として、論説・劄記《さっき》・注釈などに広く用いられていたし、西洋語の翻訳もこの文体が主流となっていった。しかしそれが明治になって一気に普及するためには、つまり近代の文体として成立するためには、「直読スベキ」という性質への着目が必要であった。文字は読み上げてこそ意味がある、という意識である。漢文訓読が文字から音声を引き出すしくみであったことは第三章で述べたが、近代に至って、おそらくはそれが文点となって、音声の秩序によって文字が配置されるという転換が生じたのである。「読ム」という行為の前提には、素読を始めとする漢語漢文の暗誦教育がある。素読の場合、文字の権威はなお強いのであって、文字から音声へという流れは逆にはならないが、音声の役割は大きい。言語の音声という問題は、話しことばもしくは日常語の領域で語られがちであるが、口上や演説のように、非日常的なことばを読み上げるという行為の重要性も、それに劣らない。

訓読の定型化

先に、訓読体は訓読文をベースに書かれたものという定義を行ったが、実際には、訓読体は訓読文という書記を経ずとも訓読という行為から直接導かれうるし、近世以前の訓読体は基本的にそのようなものであったと考えるべきであろう。そもそも漢文をただ読む限りにおいては、訓読を訓読文として書く必要はない。訓読の覚えとしては返り点を打てばよいだけだろうし、白文を訓読する力のない者にとっても、原文に返り点と読み仮名が付されていれば訓読はできるのであり、別に訓読文が必要というわけではない。

また、訓読は、流派によって異なるものであるし、同じ流派でも読み手によって、時期によって、極端な場合には読むたびごとに差異が生じるものである。わざわざ訓読文として書きとどめたところで、有用の範囲は広くない。

第四章で述べたように、近世後期以降、教学の統一が図られ、漢文を声に出して訓読する素読が初学の入門として普及するようになると、訓読それ自体もまた定型化へと向かうこととなる。

教育のためのテキストが定められるということは、読み方も定められるということで、そうした基盤の上に、素読吟味なる試験も登場する〔中村 二〇〇二〕。

こうして、漢学教育の普及と規範化により、訓読の規範化も進むこととなる。初学入門の素読は訓読によってなされたから、その標準化を図るためには、自由自在な訓読ではなく、一定の基準にもとづいた訓読であることが望ましい。また、訓読が復文とセットになって漢文学習のための階梯と位置づけられたことで、古典中国語と日本語のシンタクスの相異のみを意識した機械的な復元作業が可能になるような訓読も求められた。近世後期の訓読法には、読み添えが減少し、漢語の音読が増え、なるべくすべての漢字を読むという傾向が見られることがすでに明らかにされているが〔齋藤 二〇一一〕、それはこうした要請に応えるものであった。

訓読の定型化は、訓読の書記としての訓読文の定着を容易にした。そのたびごとに変わる音声でなく、何度も繰り返される同じ音声は、書かれずとも文としての実質を獲得していく。初学者が教師について素読を行うのは、解釈行為としての訓読を行っているのではなく、漢文に対応してあらかじめ定められた訓読文を仮想して読み上げているのに等しかった。教師の発する訓読の音声をひたすらなぞり、目の前にある漢字の羅列と照らし合わせる。漢字を解釈するのでなく、音声化するのである。その音声を文字にすれば、訓読文である。もちろんそれは訳文としても機能するが、同時に、諳誦を要求される音声でもあった。

第三章で主題としたように、訓読は読誦と切り離すことはできない。訓読文もまた、そうである。読み方の習得を目的とする素読においても、音読の調子のよさを味わうことは不可能ではない。四書五経は朗誦より諳誦が求められようが、諳誦には音律がかなっていた方が有利である。詩賦や史書となれば、なおさら朗誦への志向は強まる。詩吟はその極点とも言える。

訓読文の『日本外史』

しばしば言われるように、『日本外史』はさかんに諳誦され朗誦された書物である。もちろん全編通じて諳誦というのはさすがに困難としても、いくつかの有名な場面について諳んじているのは珍しいことではなかった。ただし、そのすべてが漢文を直接読んで諳んじたものであるかと言えば、おそらくそうではあるまい。『日本外史』を諳んじていることと漢文が読めることは別である。というのも、すでに示したように、『日本外史』は明治のごく早い時期から全編を訓読文にしたものが出版されていて、それが『日本外史』読者の裾野を拡げたであろうことは想像に難くないからである。もちろん、読本や作文書にも、その訓読文がさかんに採録されている。

明治以前、『日本外史』の版本は、川越版にしても頼氏版にしても、返り点のみで読み仮名は振られてはいなかったから、朗誦に便とは言い難く、独力で読み通すには一定の学力が必要だった。明治初年から版を重ねた『訓蒙日本外史』や『啓蒙日本外史』は訓読文の本文だから、すぐに読めるし、朗誦も容易である。なお、両書ともに大槻東陽による「解」であることは先に述べた通りで、東陽の序文の日付は前者が明治六年四月、後者が翌七年一月となっている。サイズはどちらも小本、表紙の色も当時の啓蒙書類によくある黄色で共通するが、中を開けば前者は活版、後者は木版という違いがある。また、前者の校訂は長田簡斎、後者は渡辺益軒であり、訓読文や左右のルビが基本的には同じでありつつ微妙な違いも散見されるのは、あるいは校者の違いによるのかもしれない。また、木版であった後者は、明治十六年、『挿画啓蒙日本外史』と題を改め、挿絵を加えて漢字平仮名交りの活版で出版しなおされている。

　興味深いのは、返り点に読み仮名を加えた『日本外史』の版本で最も早いのが管見の限り明治八年刊の吉原呼我注『点註標記日本外史』（開心庠舎）であり、のちに版を重ねた頼又二郎注『標註日本外史』（頼氏版）はさらに遅れて明治十年刊、つまり訓読文版の方が先んじていることだ。とはいえ、注釈本はどちらもサイズは中本、装いはむろん、中身も本格的だから、いかにも簡便な訓読文版に比べれば出版に時間がかかるのは異とするに足りない。むしろ訓読文版が早々に出版されたことに注意を引かれるのである。

　漢文の史書としてきちんと読むなら、原文を保存する注釈本の方がすぐれているのは自明である。考証も加えられ、字句の説明も詳細である。しかし、諳誦や朗誦ということに限れば、訓読文のテキストを使用したとしても、不都合はない。「直読スベキ片仮名雑リ」で書いてある方が読誦には便利ですらある。明治十六年の『挿画啓蒙日本外史』が片仮名交りを平仮名交りに改めているのも、もとが漢文であることを象徴的に示す片仮名を使うことよりも平仮名による読みやすさを優先させたがゆえと言える。東陽による漢文の序には、「婦女子」にも読みやすいよう平仮名を用い挿絵を加えた旨が記されているが、『日本外史』が、漢文としてでなく、訓読文、すなわち漢文の音声として裾野を拡げていったことがここにも見て取れる。音声に力点をおけば、仮名が片仮名であろうと平仮名であろうと変わりはない。訓読文は書き下しであることに意味がある。

こうした訓読の定型化、また、それによって生み出される訓読文の定型化によって、近世後期以前はさまざまにバリエーションがあった訓読体もまた、定型化を余儀なくされていくことになる。明治の訓読体に音読語が多いのは、近世後期の訓読法に由来するが［陳 二〇〇五］、たんに訓読法の変化にのみもとづくのではなく、素読とその書記としての訓読文というシステムが成立したがゆえに、訓読体もまた定型化したのであった。そして、その定型化によって、漢文を背後に持つ文体であることが明確に意識され、文体として一定の基準が得られ、権威を獲得することになる。そうでなければ、詔勅や法令に用いられることはなかったであろう。もちろん、基準としての漢文からの離脱は、その後、さまざまな局面において進むのであるが、訓読体が近代文体として成立するためには、一時的なものであったにせよ、この基準は大きな意味をもった。

また、定型化された訓読体は、その出自からして権威的な性格が強いものとなったが、その表徴となったのが漢字片仮名交りという書記法であった。漢字片仮名交り文は、中世から近世にわたって、仏典や漢籍（あるいは漢訳洋書）にもとづく知識を記すために用いられてきたように、外来知識の権威を示す書記法として機能していた。それは、日本で作られた漢字語を多用する候文が、御家流の文字とともに平仮名で綴られるのとは対照的であった。

すなわち、日常の書きことばとして広く用いられていた漢字平仮名交りの候文とは異なり、定型化された訓読にもとづく漢字片仮名交りの訓読体は、ことさらに日常性を排除した書きことばとして登場したことになる。本章の前半で述べたように、それは翻訳という問題とも大きくかかわっている。そしてそれゆえにこそ、通用性もまた高かったのである。

訓読体と俗文体

明治初年以降、漢字片仮名交りの訓読体は、世を席捲した。法令、メディア、教育など、およそ公的と考えられたすべての場において、漢字片仮名交りの訓読体が正統の地位を獲得した。上述したように、この文体の特徴は、実用と権威の二つの側面を有するところにある。

ここで実用と言うのは、単に使いやすいということではない。そうであれば、すでに引用したように、福澤諭吉が主張したような候文をベースとした漢字平仮名交り文の俗文体の方が有用であるに違いない。福澤は、漢文に由来する訓読体ではなく、候文から「候」を取り除いて漢語を増やした文体を翻訳のための書記体の基礎とした。同時に、漢語の用法を漢文（中国古典語）から離脱させて俗語と混用させることによって、「漢文社会の霊場を犯してその文法を紊乱《びんらん》」させる、つまり通行文体となりつつあった訓読体の権威をゆるがそうとした。もちろん福澤自身は、漢文を基点として綴られる訓読体を読むのも書くのも不自由はなかった。むしろ、俗文体は意識しなければ書けないものだったのである。先の引用の後には、以下のような文があった。

余が心事既に漢文に無頓着なりと決定したる上は勉《つと》めて此主義を明《あきらか》にせんことを欲し、例へば「之を知らざるに坐《ざ》する」、或《あるい》は「此事を誤解したる罪なり」と云へば漢文の句調にて左《さ》まで難文にも非《あら》ざれども、態《わざ》と之を改めて「之を知らざるの不調法なり」又「此事を心得違《ちがひ》したる不行届《ふゆきとゞき》なり」と記すが如《ごと》き、少年の時より漢文に慣れたる自身の習慣を改めて俗に従はんとするは随分骨の折れたることなり。又字義に就《つい》ても同様にして、例へば恐の字と懼の字と漢文には必ず其区別を明《あきらか》にすれども、和訓には二字共にオソルと読むゆゑ、先《ま》づ世間普通の例に倣《なら》ふて恐の字ばかりを用ひたり。

福澤自身にとっては、むしろ訓読体で書くほうが実用性は高かったということになる。しかしそれでは庶民には届かない。訓読体における実用性とは、近世における知的エリートにとっての実用性であって、特段の教育を受けずに日常の言語生活のなかで理解できるような実用性からは遠い。しかし、一定の教育を受ければ修得可能だという地点こそ、近代書記体としてふさわしいものであったとも言える。国民国家以前というリテラシーの格差が大きい社会にあっては、どこに実用の基準を定めるかが重要であり、また、それはつねに調整されつづけるものでもある。国民語には、国民語としての威信が必要とされ、俗に従えばよいというふうには認識されなかった。近代訓読体は、福澤の主張する俗文体も参照しつつ、一方で訓読体としての権威も保持させながら、成立したのであった。

近世から近代へのことばの変容において、訓読文というしくみの果たした役割は大きい。定型化された訓読にもとづくことで文体の規範を提供すると同時に、文と音声とが「顚倒」せずに対応可能であることを示し、文の意味を直接あらわす「俗訳」の有効性を示す。言と文とのあいだにあって、その分離と交通をつかさどる弁のようにふるまっているのである。

たしかに、意味と言っても、つまり「訳文」とか「国字解」とか「和解」と称しても、近世後期の定型化された訓読にもとづく以上、書きことばであることは免れず、話しことばとはへだたりがある。また、音声に力点がおかれると言っても、その声は読誦であり、日常会話の声ではない。しかし、完全なる文としての漢文と向き合わせれば、訓読文は音声の側に立ち、発話の側に立つ。規範性をともないつつ発話の側に接近しようとする点において、近代日本における言文一致への志向に根拠を提供したとも言えるのである。

東アジアにおける近代訓読体

周知のように、近代訓読体は、漢文に由来する語彙を多用したことで、中国・朝鮮・ベトナムという漢字使用地域の知識人にとって、ある程度慣れれば大意を了解するのが容易な文体となった。日本で創出された新漢語の伝播と同様、それが企図されていたとは言えないが、結果としてこのことは大きな効果をもたらした。梁啓超の『和文漢読法』はまさしくその証左であるし、彼および彼の周辺の留学生が日本書を利用して西洋の知識を次々に吸収し、翻訳していったのも、学術的な著作の多くが近代訓読体を採用していたからであった。裏返して言えば、日本の近代化に大きな作用を及ぼした福澤の著作が漢訳されなかったのは、こうした文体の差に起因するところも大きかったに違いない。一見、漢字を多用しているかに見えても、「誤解」という漢語を避けて「心得違」という日本語の漢字表記で書かれてしまえば、東アジアの他地域の人々にはかえってわかりにくい。逆に、福澤が避けるような「漢文を台にして生じたる文章」の方が、漢字圏における通用性という点ではまさっていたのである。

梁啓超という視点から東アジアにおける訓読体の流通に着目し、漢文訓読体を「帝国漢文」とする論もある［清水 二〇〇〇］。ただ、すでに述べたように、訓読体は漢文を基点としつつ、それからの離脱を図る文体であってみれば、それをそのまま「漢文」と称するのはやや無理があろうし、それが主に日本語の話される地域のみならず帝国という領域で流通したかどうかについても、やはり疑問なしとしない。梁啓超と訓読体との距離の近さは指摘のとおりとして、近代訓読文体の意味自体は、さらに二つの面にわけて考える必要があろう。

一つは、原理としての近代訓読体である。漢文という書記体を資源としつつ、シンタクスと音声は地域言語に依拠すること。これは、東アジア各地で行われた近代文体成立の原理そのものであり、いわば権威と実用ということになる。白話文もハングル文も、あるいはクォック・グーも、近代訓読体が先行例として存在したことの意義は大きい。もう一つは、語彙通用性としての近代訓読体である。古典語彙の転用やそれを模倣した新語を大量に用いること。それによって、西洋文明の事物や概念が新漢語として瞬く間に東アジア全域に広まったのである。

〈帝国漢文〉という問題を立てるのであれば、注目すべきはもう一つの側面である。たとえば日本において教育勅語が駢儷文ふうの構成をとるのは『古事記』の太安万侶序を連想させるし、「八紘一宇」なる漢語が『日本書紀』に由来することもよく知られている。中国の古典ではなく、日本古代の書物から漢語を呼び出すことも、近代訓読体においてはしばしば行われていたのであった。日本の新漢語は、西欧語の翻訳として文明を流通させる機能を有していただけではない。

政治や教育の場でさかんに使われたことばの中には、国家的伝統を宣揚するために古代から召喚されたものも少なくはなかったのである。その頂点が、漢字片仮名交りで書かれた詔勅であり勅諭であり、「同文」イデオロギーの宣揚であったとも言える。新たな起源によって、漢字漢文の根拠を上書きし、帝国の版図たる「東亜」へと再編しようとしたのである。

そしてそれは、東アジアを改めて「同文」の空間として捉えるような、領域化された東アジアの文体としての漢語漢文である。本章前半で見たように、井上や中村が漢語漢文の普遍性を第一に考えたのに対し、「同文」としての近代漢字圏は、伝統的な漢字圏をベースにして近代における地域性・領域性を獲得することを第一とする。日本におけるアジア主義の基盤としても、それは機能する。

近代の漢字圏は、じつはこうした「同文」意識の空間としても分析される必要がある。日本で行なわれた漢訳語が結果として中国や韓国で行なわれたことが、そうした「同文」意識を支えたことは疑いない。前近代における漢籍の流通だけでなく、近代語としての新漢語の伝播が新たな漢字圏意識を形成した。

留意すべきは、このような「同文」意識が前提にあって近代における漢語漢文への翻訳が行われたのではないということだ。最初にあったのは普遍意識である。しかし、西欧語に対置すべき言語空間が形成されるにつれ、領域としての東アジアの固有性が意識され、いわゆる儒教道徳が東アジア的価値として再び参照されることになる。日本による「東亜」への欲望をそのような文脈において理解することは、近代における漢字圏がどのようなものであったかを考える上で欠かせないだろう。
近代において再編された漢字圏は、今日においても存続しているのだろうか。漢字の使用ということについては、答えは否定的であろう。新漢語にもとづく漢字語の使用という点から言えば、なおそれは維持されているということができるかもしれない。問題は、その両者の関係にある。なぜ漢字を使わないことが可能となったのか。にもかかわらず漢字語が使われているのはなぜなのか。この章では、近代漢字圏の形成の核となった翻訳と訓読体について述べたけれども、おそらくその中に、答えは用意されている。

実用と権威の二重奏はそもそも調和的なものではなく、文体の安定は常に危機にさらされている。明治中期以降、漢字片仮名交りから漢字平仮名交りへの移行が進み、片仮名交りが主に法令や詔勅あるいは軍用文など権威性の強い媒体において保存される一方で、一般に広まった平仮名交りは言文一致体への接近を強めていくが、こうした分裂は、そもそも近代訓読体にその契機が内包されていたのである。そして、東アジアにおける近代訓読体の意味とは、このような権威と実用、文と言との拮抗によってもたらされる力の場を用意したことであり、それぞれの国民文体成立の契機として働いたことにあったのではないだろうか。

終章　文化論を超えて

文字とシーニュ

一般に、言語は意と音があって初めて言語となる。正しくは、言語活動によって初めて音と意が分節され、語音と語意が知覚される。語の誕生は、意と音の誕生に等しい。ソシュールに従って、意をシニフィエ（signifié）に、音をシニフィアン（signifiant）に、そして語をシーニュ（signe）に置き換えてもよい。その場合、ソシュールがsignifier（意味する）という動詞の活用（過去分詞と現在分詞）によって表そうとした考えが、意と音と語に導入される。すなわち、あらかじめシニフィエとシニフィアンがあって、その二つが結びつくということではなく、signifierという動作によってそれらが分節されて現れるのである［丸山 一九八一］。その意味では、小林英夫が、意や音ではなく、シニフィエを「所記」、シニフィアンを「能記」と訳したのは、原語になるべく沿おうとしたものだと言える［ソシュール・小林 一九七二］。だが、そこには決定的な誤りがあった。signifierは「記」ではない。

〝記〟とは、口頭ではなく書記にかかわる動詞である。たとえ書き記さないにしても、何らかの手段でとどめる、定着させる、保存する、という方向は変わらない。そこに〝意味する〟という語義はない。おそらく小林は、シーニュの訳語が「記号」であることから、「能記」や「所記」という訳語を定めたものであろうが、もし漢語で訳すのであれば、〝能示〟や〝所示〟のように、べつの動詞を用いるべきであった。

そもそもシーニュを「記号」と訳すことに陥穽がある。[27] 日本語で記号と言えば、ほとんどの場合、外形的に固定された、もしくは一定の形態をもったものとしてある。音声記号とわざわざ言わなければ、多くの人は、書かれた、描かれた、刻まれた——すなわちしるされたものを記号として想起するであろう。『明六雑誌』に掲載された清水卯三郎「平仮名ノ説」（一八七四）には、こうあった［高野・日向 一九九八］。

蓋《けだし》夫《それ》文字文章ハ、声音ノ記号、言語ノ形状ニシテ、古今ヲ観、彼此ヲ通シ、約諾ヲ記シ、藝術ヲ弘ムル日用備忘ノ一大器ナリ。

しかし、ソシュールにおけるシーニュはそのような記号ではない。「シーニュは、コトバの外にある意味や概念を表現する外的標識ではない。シーニュはそれ自体が意味であり表現なのである」［丸山 一九八一 三一二頁］。意味することそのものが何らかのかたちとして知覚されたものがシーニュであり、記されて固定されるようなものではない。音声言語も手話言語も、シーニュは次々に現れ、消えていく。意も音（動作や表情）も、時間軸に沿って知覚され、上書きされる。シーニュは記号ではない。では、文字は記号なのか。

第二章で述べたように、文字は、たんなる記号ではない。文字の誕生に即して言えば、音声言語との対応関係が成立した時点で、それは一般の記号とは異なる性質を獲得する。その瞬間、文字は発見される。記号は発明されるものであるかもしれないが、文字は発見されるものだ。あらかじめ存在していた記号が、文字として見いだされ、編成され、そして増殖する。音声言語と対応しうるということは、要素としてのみ対応するのではなく、秩序として、体系として対応するということだ。文字の秩序は、それ自体が一つの言語となる。文字言語の誕生である。

文字言語は、記号が音声言語の作用を受けて、言語化したものである。したがって、言語としては同じように機能する。大きな違いは、言うまでもないことながら、文字は書き記されるということだ。つまりその意味で、文字には記号としての性質が受け継がれている。音声言語には、〝示す〟（意味する）機能しかないが、文字言語にはそれに加えて〝記す〟機能がある。「所記」と「能記」は、文字についてならば、妥当な訳だったかもしれない。文字言語は、機能面から言えば書記言語である。

言語に書記がともなったことは、言語のありかたそのものに大きな変化をもたらした。移ろいやすいはずのシーニュに、固定したかたちが与えられた。もちろん、口頭で発せられたことばを記憶にとどめることは、古くから行われていた。無文字社会で口承の技術が発達していることは推測しやすいし、近代以降の実例もある〔川田　一九七六〕。しかし、文字に記すという事態は、これまで見てきたように、さらに拡大された言語世界を開くこととなった。

いったん成立した書記言語は、口頭言語の範囲を超えて伝播する。そして口頭言語との相互作用によって、そのすがたを変化させ、また、口頭言語のありかたにも何らかの——時には大きな——作用を与える。口頭言語は変化しやすいものであるが、書記言語はしばしば変化を嫌い、保守的な傾向を見せ、言語規範の形成に寄与しようとする。書記言語は、口頭言語との間に緊張関係をもつものとなる。そしてこうした性質は、すべてその〝記す〟という機能によってもたらされる。

日本の漢字論

日本という領域で漢字を語るとなれば、何よりもまずそれが外来のものであるというところから出発する。漢字が黄河流域で生まれたことは確定的だから、日本列島からすればはるか彼方である。日本列島では、黄河流域とは異なる言語が交わされていたし、漢字はたしかにその言語圏域の外からやってきた。ただ、繰り返してきたように、ある言語圏域の外側から文字が到来することについて言えば、ほとんどの地域がそうなのである。

もちろん、どのような状況で漢字が用いられるようになったかは重要だ。中国大陸における漢字の伝播と異なり、日本列島で漢字が用いられ始めた時期は、すでに体系だった書記言語が確立し、外交文書がそれによって書かれ、規範となるべき典籍も成立し、つまり漢字による世界はすでに確固としたものとして成立していた。中国大陸の東に位置する地域の政治情勢は、漢字世界への参入をいかにして行うべきかを迫るものであった。日本列島における漢字の使用は、道具としての書記言語が到来したのではなく、その書記言語によって構築された世界への参入であったと見なすべきだろう。

そうであってみれば、漢字伝来がことのほか大きな事件として語られてきたことも、理解しやすい。漢字を使用することは、内と外とを意識することにもなる。国の枠組みを作る過程に、漢字はかかわっている。書記言語の導入が日本という国家の成立を促したのである。それゆえ、国家意識、もしくはそれをめぐる歴史意識を背景に、外来のものである漢字をどう位置づけるかという問いが繰り返されてきた。近代以降は、国字国語問題の一つとして、漢字の廃止論や擁護論が展開されてきた。

二〇〇三年に出版された子安宣邦『漢字論　不可避の他者』は、こうした日本の漢字論の状況において、一つの画期をなすものと言える〔子安 二〇〇三〕。章題に「他者受容と内部の形成――漢文訓読のイデオロギー――」（第三章）、「漢字と自言語認識――国語と日本語と――」（第六章）とあるのを一瞥するだけでも、漢字を外来のものと見なす視線自体が問われていることがわかる。その主張の起点は、次のような記述に示されている〔同 二六頁〕。

漢字なくして日本語の現実的な存立はない。日本語の成立を資料的にさかのぼって求めるとき、われわれが出会うのは漢字・漢文を表記文字・表記技法とした書記言語・日本語である。漢字・漢文エクリチュールからなる言語として日本語ははじめて現実に存在することになったのである。

あるいは次のような記述〔同 二二九頁〕。

漢字漢語を外来者とみなすことは、己れの側に受容者としての自言語の予めの存立を認めることになる。しかもその外来者を異質者と規定するとき、己れの側に構成されるのは純粋な言語的な自己同一性である。漢字がもたらすものをトータルに排除しようとする宣長の『古事記伝』を私は奇妙な注釈といったが、その外来性によって漢字漢語を異質者として排除する国語学者の構成する「純粋国語」という概念もまた奇妙な概念といわざるをえない。

漢字によって書記言語としての日本語は成立した。にもかかわらず、漢字を外来のものと見なすことで、「国語」という中心が擬装され、さらにその擬装された中心によって漢字を統御するという転倒が生じた。それが日本の「国学」であり「国語学」である。かいつまんで言えば、この著作の主張はそういうことになろう。

こうした認識は、本書にも共有されている。日本古代の書記言語のありかたについての論点は、本書でも参照するように、この著作以前に多くの議論があり、この著作にそれがじゅうぶんには反映されていない点は残念に思うが、現在そして未来の日本のことばのありかたにも論及する「漢字論」として、『古事記』や訓読の問題を取り上げたことは、重要な功績だ。

不可避の他者

だが、この著作が副題に掲げた「不可避の他者」という認識、次のように説明されるその認識［同 一三二 - 一二頁］は、本書には共有されない。

［…］私たちはいま漢字を自言語の展開に不可避な他者とみなすべきである。あらゆる自然

言語に他言語を前提にしない純粋な自言語などはありえない。［…］漢字とは排他的に自己を生み出すための異質的他者でもなければ、受容者の自言語意識が負い続けねばならないトラウマとしての異質的他者でもない。それは日本語の成立と展開にとって避けることのできない他者である。漢字とは日本語にとって不可避の他者である。それは自言語がたえず外部に開かれていくことを可能にする言語的契機としての他者である。

なぜ本書はこの認識を共有しないのか。一つは、「他者」という概念そのものが、著者が批判する「外来／固有」の二項対立をかえって強化すると思われるからであり、もう一つは、文字と言語とが相互に交換可能なものとして語られているからである。そしておそらくこの二つは相互に関連している。

文字言語は、口頭言語を参照して成立しつつ、〝記す〟機能をもつことで、音声言語とは異なる秩序を構成し、音声言語と相互に作用しあう関係を確立した。つまり、口頭／書記言語システムが成立したのである。むろん、このシステムはきわめて動的なものであって、相互の関係のありかたも一様ではない。本書で述べたのは、あくまで漢字圏におけるその動態、しかもその一端にすぎないが、口頭と書記との相互作用とそれによってあらわれる言語の諸相については、原理的には中国大陸であれ朝鮮半島であれ日本列島であれ観察しうることは了解されるだろう。何も日本列島においてのみこうした事象があるわけではない。

もし、「他者」という概念を持ち出すのであれば、それは「自言語」と対比される「他言語」

ではなく、〝記す〟という行為のもつ他者性であるべきだろう。言語圏と言語圏との間に生じる問題なのではなく、ある言語圏における口頭と書記との間の相生と相克こそが問題となるのである。書記は、その性質からして、地域と時代を超えやすい。その意味では、「他者」と見なされやすいものだ。ある書記言語が、口頭言語が流通している地域もしくは時代とは別の地域もしくは時代に結びつけられるのは、そのためである。言にとって文はつねに「他者」である。あるいは、シーニュにとってエクリチュールはつねに「他者」である。だがしばしば、その他者性は本質的なものだとは見なされずに、どこかの地域や時代に結びつけられ、固着させられる。

「漢字とは日本語にとって不可避の他者である」。この言明は、「漢」「日本」という対立を明示することで、「字」「語」という対立を解消してしまっている。文字とは言語にとって不可避の他者である。そうした認識であれば、「他者」という概念の吟味はさておくとしても、本書で述べてきたことともつながりうる。しかし、多くの読者が受け取るのは、それとは異なったメッセージであろう。すなわち、中国とは日本にとって不可避の他者である。「漢字とは日本語にとって不可避の他者である」という言明は、そう受け取られかねない危うさを含んでいる。そう、それはいいい危うさと呼ぶべきものだ。

本書が一貫して考えてきたのは、文字とは何であろうか、それは何をもたらしたのであろうか、という問いである。その問いに答えるために、文字が大きな力をもった圏域として漢字圏をとらえ、そこにあらわれたいくつかの興味深い事象をとりあげて、それが漢字による世界を動的に作り上げるさまを分析し、文字のもつ機能、それがもたらす世界を描こうとした。

文字は、当然のことながら、書き記し、書き記されるものである。書き記すという行為を離れて文字は存在しない。それはまた、読み解かれるものとして現れる。文字とは何であろうか、という問いは、読み書きとは何であろうか、という問いでもある。本書は、一つの漢字論としても読まれうるものでもあるが、それは読み書きという行為を内包した言語実践としての文字、そしてそれによって構成される世界を主題としたという点においてであって、日本論や中国論として書かれたわけではない。

「はじめに」で述べたように、一九六〇年代以来の漢字文化圏論は、基本的には日本文化論の一環として構想されていた。本書は、それらの成果を受けつつ、あるいは関心を共有しつつ、それとは別の思考へと踏み出そうとしたものだ。取り上げる事象や論点を、漢字圏内部の安定した領域ではなく、それが展開していく過程の先端においたことは、結果として、漢字文化圏論で多く論じられてきた日本の書記言語の問題についても考えることとなった。そして、従来とは異なる観点から、これらの問題を位置づけなおそうと試みた。

読み書きによって構成される世界のフロンティアとして、甲骨文から訓読体までを一つの展望のもとに論じること。通史でもなく文化論でもなく、新たな展望のための試論として、この書物に価値があることを願う。

注

（1）文字を言語の形態素としてとらえる論は古くは森岡健二「文字形態素論」〔森岡 一九六八〕にあり、さらに同『日本語と漢字』〔森岡 二〇〇四〕にまとめられている。野村雅昭『漢字の未来』付章「21世紀の漢字論」〔野村 二〇〇八〕はそれを強く批判し、書記言語という概念にも疑問を呈する。日本における書記言語ないし文字言語という観点を積極的に用いる立場としては、乾善彦『漢字による日本語書記の史的研究』〔乾 二〇〇三〕、犬飼隆『上代文字言語の研究』〔犬飼 二〇〇五〕、小松英雄『日本語書記史原論』〔小松 二〇〇六〕を参照。

（2）「小克鼎」銘文の解釈については白川静『金文の世界』〔白川 一九七一〕および進藤英幸「中国周代青銅器とその銘文研究」〔進藤 一九九六〕を参照し、小南一郎『古代中国 天命と青銅器』〔小南 二〇〇六 一一六頁〕の「此鼎」銘文の解釈を参考に、「克其日用」以下をすべて祝福の辞とした。

（3）仮借の例として代名詞や否定詞を挙げるのは、白川静『漢字の世界1』〔白川 一九七六〕に拠る。白川は許慎が官職名としての「令」「長」を仮借として挙げることを批判して、それらは本義から拡大された引申ないし転義に過ぎず、本義としても「令」「長」は使われるのに対し、本来の仮借字とは、「不」や「我」のように、本義では決して用いられることのない字を指すと指摘する。

（4）漢字における「起源の忘却」については、三浦雅士『人生という作品』〔三浦 二〇一〇〕に収められた「白川静問題――グラマトロジーの射程・ノート1」「起源の忘却――グラマトロジーの射程・ノート2」を参照。

（5）シナ＝チベット語族のうちでも、チベット＝ビルマ系はSOV型、漢語系はSVO型であるが、もともとのシナ＝チベット祖語はSOV型であり、それとは別系統の殷の言語がSVO型であったために、その影響を受けた周によって、漢語系の語順がSVO型になったとも言われる。「紀元前十数世紀、殷文化圏における殷共通語および文字と書き言葉の普及が、周人の言葉に変貌をもたらしたことは十分にありうる」〔西田 二〇〇〇 一九頁〕。

（6）引用は、『荻生徂徠全集』〔西田・日野 一九七六〕所収影印正徳四年刊本に拠り、返り点および送り仮名は省略した。

（7）ハングルの歴史や文字としての位置づけについては、姜信沆『ハングルの成立と歴史』〔姜 一九九三〕、河野六郎『文字論』〔河野 一九九四〕、朴永濬他『ハングルの歴史』〔朴他 二〇〇七〕、野間秀樹『ハングルの誕生』〔野間 二〇一〇〕、趙義成（訳注）『訓民正音』〔趙 二〇一〇〕、福井玲『韓国語音韻史の探究』〔福井 二〇一三〕を参照。

（8）もう一つの仮説として、「国字」をパスパ文字とするなら「国語」を口頭の漢語だと解釈する可能性もある。パスパ文字で示された音韻の下に漢字が列挙されている様子は、漢字で示された「語」をパスパ文字で表現していると考えることも可能だからである。ただ、その場合は「以国字写漢文」との違いがどこにあるのか、はっきりしなくなる。

（9）ただし、どのような字を選択するかについて、語の性質によって一定の選好は働く。「卑」が用いられたのは、異民族の名であったからだとの推測はおそらく正しい。

（10）『訳文筌蹄』の引用は、『漢語文典叢書』［吉川他 一九七九］所収影印正徳五年刊本に拠り、返り点および送り仮名は省略した。以下同。

（11）朱熹「訓学斎規」読書写文字第四に「古人云、読書千遍、其義自見」とある。『三国志』魏書巻十三裴松之注引「魏略」に董遇の語として「読書百遍而義自見」とあるのにもとづく。

（12）田尻祐一郎「〈訓読〉問題と古文辞学――荻生徂徠をめぐって――」［中村他 二〇〇八］は、徂徠が華音による音読を第一義としたという吉川幸次郎の説に、この「看書」論に注目することで有効な反駁を加え、「訳」を「俗語へのおきかえ」とする説にも、「与えられた漢文を、「唐人」の多元的な言語生活の中で的確に読み、それを、同様に多元的な自分たちの言語生活の中で相応する言葉でもって置き換えていくことが、「訳」なのである」（二三一頁）のように訂正を求めている。うべなうべきであろう。ただし、「一渉読誦、便有和訓、廻環顚倒」について、「返り点などを使った音読さえも、有功だとされている。［…］「雙眼」による「看書」で人情に近い訳を得れば、それを返り点などを使って「廻環顚倒」して音読すればよいのである」（二四四頁）と解釈するのは、妥当ではないだろう。「一……、便……、若……、亦……」は、……すれば……になるし、……しても……となる、ということであって、むしろ訓読でも音読でも「読誦」は弊害が大きいということを徂徠は述べようとしている。

（13）「起予者商也」については、「私を啓発するものは商である」と理解するのが通例だが、吉田賢抗『論語』［吉田 一九七六］の説を参照し、また、学而篇の「賜也、始可与言詩已矣」との相同も考慮して、本文のように解釈した。

（14）河野六郎は文語の成立に関連して「ある時期の祭儀とか、一般に集まって祝詞を奏するとか、そういう儀式で使われる話し言葉の伝承があって、それをまず文字ができたときに書いたのではないか」［河野・西田 一九九五 一二〇頁〕と言い、西田龍雄はそれに応じて少数民族における「雅語的なもの」の存在を指摘する。金水他編『日本語史のインタフェース』〔金水他 二〇〇八〕は、「音声言語と書記言語をつなぐ形態として、書記言語の朗唱という現象」（七頁）に注意する。

（15）冨谷至『文書行政の漢帝国』〔冨谷 二〇一〇〕は、張家山二四七号墓出土の漢律に「能風書五千字以上、乃得為史」とあることについて、同じ律に「諷書史書三千字」とあり、これが「史書三千字を諷書す」としか読めないことを根拠に、「「書五千字を風（諷）す」ではなく「五千字を諷書（読み、書く）」と読まねばならない」とする（一一一頁）。なお、同書一〇九頁では『漢書』藝文志の同じ記事を引いて「能く書九千字以上を諷す」と訓読しているが、これも「九千字以上を諷書す」ではないだろうか。

（16）大徐本では「伝訳四夷之言者」とするが、段玉裁『説文解字注』に従った。

（17）『出三蔵記集』からの引用は、中嶋隆藏編『出三蔵記集序巻訳注』〔中嶋 一九九七〕に拠る。

（18）神野志隆光『漢字テキストとしての古事記』〔神野志 二〇〇七〕は、この問題についてこう述べる。「大事なのは、阿礼の「誦習」にかかわらせて『古事記』の成立を見ることではなく、「誦習」をもとにして「上古の時」の「言と意」を文字化するかのようにいう（まさに、擬制です）意味を問うことです。〔…〕いいなおせば、成立した『古事記』が、「誦習」ということを、「上代の言意」を負うたものとして意味づけて、それがもとになったかのようにいうのです」（一八二‐三頁）。

（19）「日本紀講書」は、弘仁三年（八一二）～四年、承和十年（八四三）～十一年、元慶二年（八七八）～五年、延喜四年（九〇四）～六年、承平六年（九三六）～天慶六年（九四三）、康保二年（九六五）～終了年不明、の六回行われたことが確認される。「日本紀講書」における訓読の問題については、福田武史「「倭訓」の創出——講書の現場から」〔福田 一九九九〕および神野志隆光『変奏される日本書紀』

〔神野志 二〇〇九〕を参照。

(20) 近世日本の教育については、石川謙『学校の発達』〔石川 一九五一〕、同『日本学校史の研究』〔石川 一九六〇〕、武田勘治『近世日本学習方法の研究』〔武田 一九六九〕、橋本昭彦『江戸幕府試験制度史の研究』〔橋本 一九九三〕を参照。

(21) 引用は、天保七年春和堂刊『山陽先生書後』巻下に拠り、返り点は省略した。

(22) 『日本外史』の引用は、頼氏蔵版本により、送り仮名は省略した。

(23) 引用は、『漢語文典叢書』〔吉川他 一九七九〕所収影印享保十三年刊本に拠る。

(24) 引用は、明治十六年奎運堂刊本に拠る。

(25) 引用は、『日本詩話叢書』第十巻〔池田 一九二〇〕所収に拠り、返り点および送り仮名は省略した。

(26) gewoonte の訳語は、『訳鍵』では「用習タル」、『改正増補訳鍵』では『和蘭字彙』の訳語を取り入れて「用習。風儀。習俗。癖」とする。

(27) 目印という意味での「記号」は、中国では元代の戯曲などで用いられ、ロバート・モリソン『中国語辞典』(*A Dictionary of Chinese Language*)第三部(一八二二)ではすでに sign の訳語として採用されている〔Morrison 一九九六〕〔森 二〇〇一〕。

参考文献

Lobscheid, William・那須雅之（解説）*English and Chinese dictionary : with the Punti and Mandarin pronunciation*、千和勢出版部、東京美華書院、復刻版、一九九六年。

Medhurst, Walter Henry *Chinese and English dictionary : containing all the words in the Chinese imperial dictionary, arranged according to the radicals*、千和勢出版部、東京美華書院、復刻版、一九九四年。

Morrison, Robert *A dictionary of the Chinese language, three parts*（『華英辞書集成　華英字典』）ゆまに書房、復刻版、一九九六年。

浅原達郎「殷代の甲骨による占いと卜辞」、東アジア怪異学会（編）『亀卜――歴史の地層に秘められたうらないの技をほりおこす』、臨川書店、二〇〇六年。

飛鳥井雅道『中江兆民』、吉川弘文館、一九九九年。

阿辻哲次『図説漢字の歴史』、大修館書店、普及版、一九八九年。

池田四郎次郎『日本詩話叢書』第十巻、文会堂、一九二〇年。

石川謙『学校の発達　特に徳川幕府直轄の学校における組織形態の発達』、岩崎書店、一九五一年。

――『日本学校史の研究』、小学館、一九六〇年。

乾善彦『漢字による日本語書記の史的研究』塙書房、二〇〇三年。

犬飼隆『上代文字言語の研究』、笠間書院、増補版、二〇〇五年。

家井眞『『詩經』の原義的研究』、研文出版、二〇〇四年。

井上哲次郎・元良勇次郎・中島力造『英独仏和哲学字彙』、丸善、一九一二年。

大槻茂雄（編）『磐水存響』、大槻茂雄、一九一二年。

大槻文彦『廣日本文典別記』、大槻文彦、一八九七年。

大西克也「戦国時代の文字と言葉――秦・楚の違いを中心に」、早稲田大学長江流域文化研究所（編）『長江流域と巴蜀、楚の地域文化』、雄山閣、二〇〇六年。

大西克也・宮本徹（編）『アジアと漢字文化』、放送大学教育振興会、二〇〇九年。

岡見正雄・赤松俊秀（校注）『愚管抄』（日本古典文学大系86）、岩波書店、一九六七年。

小川環樹・木田章義『注解千字文』、岩波書店、一九八四年。

小川環樹「『注解千字文』解説」、『小川環樹著作集』第一巻、筑摩書房、一九九七年。

沖森卓也『日本古代の表記と文体』、吉川弘文館、二〇〇〇年。

――『日本古代の文字と表記』、吉川弘文館、二〇〇九年。

愛宕元・冨谷至・森田憲司（編）『中国の歴史』上下、昭和堂、新版版、二〇〇九年。

落合淳思『甲骨文字の読み方』（講談社現代新書）、講談社、二〇〇七年。

貝塚茂樹『孔子・孟子』（世界の名著3）、中央公論社、一九六六年。

梶原正昭・山下宏明（校注）『平家物語』上（新日本古典文学大系44）、岩波書店、一九九一年。

桂川甫周（編）・杉本つとむ（解説）『和蘭字彙』、早稲田大学出版部、一九七四年。

亀井孝・大藤時彦・山田俊雄『日本語の歴史2　文字とのめぐりあい』、平凡社、一九六三年。

亀井孝「古事記はよめるか——散文の部分における字訓およびいはゆる訓読の問題」、『亀井孝論文集第四巻　日本語のすがたとこころ二・訓詁と語彙』、吉川弘文館、一九八五年。

亀井孝・田中克彦（インタビュー）「国家語の系譜」、『現代思想』二二巻九号、一九九四年。

川田順造『無文字社会の歴史：西アフリカ・モシ族の事例を中心に』、岩波書店、一九七六年。

姜信沆『ハングルの成立と歴史：訓民正音はどう創られたか』、大修館書店、一九九三年。

木村秀次「「記号」ということば——『西国立志編』をめぐって」、『千葉大学教育学部研究紀要Ⅱ人文・社会科学編』四九巻、二〇〇一年。

金水敏・乾善彦・渋谷勝己『日本語史のインタフェース』、岩波書店、二〇〇八年。

金文京「漢字文化圏の訓読現象」、『和漢比較文学研究の諸問題』、汲古書院、一九八八年。

——『漢文と東アジア　訓読の文化圏』、岩波書店、二〇一〇年。

興膳宏・木津祐子・齋藤希史『『朱子語類』訳注巻10〜11』、汲古書院、二〇〇九年。

興膳宏『合璧　詩品　書品』、研文出版、二〇一一年。

神野志隆光『漢字テキストとしての古事記』、東京大学出版会、二〇〇七年。

——『変奏される日本書紀』、東京大学出版会、二〇〇九年。

河野六郎『文字論』、三省堂、一九九四年。

河野六郎・西田龍雄『文字贔屓　文字のエッセンスをめぐる3つの対話』、三省堂、一九九五年。

小島憲之『漢語逍遥』、岩波書店、一九九八年。

後藤丹治・釜田喜三郎（校注）『太平記』一（日本古典文学大系34）、岩波書店、一九六〇年。

小松英雄『日本語書記史原論』、笠間書院、補訂版、二〇〇六年。

小南一郎『古代中国　天命と青銅器』諸文明の起源5、京都大学学術出版会、二〇〇六年。

子安宣邦『漢字論　不可避の他者』、岩波書店、二〇〇三年。

斉藤くるみ『少数言語としての手話』、東京大学出版会、二〇〇七年。

斉藤利彦・倉田喜弘・谷川恵一（校注）『教科書啓蒙文集』（新日本古典文学大系、明治編11）、岩波書店、二〇〇六年。

齋藤文俊『漢文訓読と近代日本語の形成』、勉誠出版、二〇一一年。

蔡玫芬・朱乃誠・陳光祖『商王武丁與后婦好　殷商盛世文化藝術特展』、國立故宮博物院、二〇一二年。

島根県立美術館・大広（編）『上海博物館展　中国五千年の名宝』、大広、二〇〇三年。

清水賢一郎「梁啓超と〈帝国漢文〉――「新文体」の誕生と明治東京のメディア文化」、『アジア遊学』一三号、二〇〇〇年二月。

白川静『金文の世界　殷周社会史』（東洋文庫）、平凡社、一九七一年。

――『漢字の世界1　中国文化の原点』（東洋文庫）、平凡社、一九七六年。

――『詩経国風』（東洋文庫）、平凡社、一九九〇年。

新川登亀男『漢字文化の成り立ちと展開』（日本史リブレット9）、山川出版社、二〇〇二年。

沈国威『近代日中語彙交流史　新漢語の生成と受容』、笠間書院、改訂新版、二〇〇八年。

進藤英幸「中国周代青銅器とその銘文研究――小克鼎管見」、『明治大学人文科学研究所紀要』四〇巻、一九九六年。

杉田玄白・緒方富雄（校注）『蘭学事始』（岩波文庫）、岩波書店、改版、一九八二年。

泉屋博古館（編）『泉屋博古　中国古銅器編』、泉屋博古館、二〇〇二年。

ソシュール・小林英夫（訳）『一般言語学講義』、岩波書店、改版、一九七二年。

高嶋謙一「殷代貞卜言語の本質」、『東洋文化研究所紀要』、一九八九年一〇月。

高島敏夫「周原出土甲骨の歴史的位相——殷周關係論に向けて」、『立命館白川静記念東洋文字文化研究所紀要』一号、二〇〇七年三月。

高野繁男・日向敏彦（監修・編）『明六雑誌語彙総索引（付複刻版明六雑誌）』、大空社、一九九八年。

武田勘治『近世日本学習方法の研究』、講談社、一九六九年。

趙義成（訳注）『訓民正音』（東洋文庫）、平凡社、二〇一〇年。

陳力衛『和製漢語の形成とその展開』、汲古書院、二〇〇一年。

——「新漢語の産出と近代漢文訓読」、石塚晴通教授退職記念会（編）『日本学・敦煌学・漢文訓読の新展開』、汲古書院、二〇〇五年。

鄭光「訓民正音の字形の独創性——『蒙古字韻』のパスパ文字との比較を通して」、『朝鮮学報』二一一、二〇〇九年四月。

鄭光・曹瑞炯（訳）『《蒙古字韻》研究　訓民正音与八思巴文字関係探析』（中国語）、民族出版社、北京、二〇一三年。

東京大学史史料研究会（編）『東京大学年報』第二巻、東京大学出版会、復刻版、一九九三年。

東野治之『正倉院文書と木簡の研究』、塙書房、一九七七年。

冨谷至『文書行政の漢帝国——木簡・竹簡の時代』、名古屋大学出版会、二〇一〇年。

永嶋大典『蘭和・英和辞書発達史』、ゆまに書房、新版、一九九六年。

中嶋隆藏『出三蔵記集序巻訳注』、平樂寺書店、一九九七年。

中田祝夫『古点本の国語学的研究』、勉誠社、改訂版、一九七九年。

中村春作『江戸儒教と近代の「知」』、ぺりかん社、二〇〇二年。

――「訓読、あるいは書き下し文という〈翻訳〉」、『文学』一二巻三号、二〇一一年五月。

中村春作・市來津由彦・田尻祐一郎・前田勉（編）『「訓読」論――東アジア漢文世界と日本語』、勉誠出版、二〇〇八年。

――『続「訓読」論――東アジア漢文世界の形成』、勉誠出版、二〇一〇年。

中村真一郎『頼山陽とその時代』、中央公論社、一九七一年。

西田太一郎・日野龍夫（編）『荻生徂徠全集』第十七巻、みすず書房、一九七六年。

西田龍雄『東アジア諸言語の研究Ⅰ　巨大言語群＝シナ・チベット語族の展望』、京都大学学術出版会、二〇〇〇年。

野上俊静『元史釋老傳の研究』、野上俊静博士頌寿記念刊行会、一九七八年。

野間秀樹『ハングルの誕生――音から文字を創る』（平凡社新書）、平凡社、二〇一〇年。

野村雅昭『漢字の未来』、三元社、新版、二〇〇八年。

橋本昭彦『江戸幕府試験制度史の研究』、風間書房、一九九三年。

橋本萬太郎『漢民族と中国社会』（民族の世界史5）、山川出版社、一九八三年。

馬駿『日本上代文学〝和習〟問題研究』、北京大学出版社、二〇一二年。

樋口隆康『酒器』Ⅰ、泉屋博古館、一九九四年。

――『中国の古銅器』、学生社、二〇一一年。

飛田良文（編）『哲學字彙訳語総索引』、笠間書院、一九七九年。

飛田良文・琴屋清香『改訂増補哲学字彙訳語総索引』、港の人、二〇〇五年。

福井玲『韓国語音韻史の探究』、三省堂、二〇一三年。

福澤諭吉・慶應義塾（編）『福澤諭吉全集』、岩波書店、再版、一九六九年。

福田武史「「倭訓」の創出――講書の現場から」、神野志隆光（編）『古事記の現在』、笠間書院、一九九九年。

福田哲之『説文以前小学書の研究』、創文社、二〇〇四年。

福永光司『芸術論集』（中国文明選14）、朝日新聞社、一九七一年。

船山徹『仏典はどう漢訳されたのか　スートラが経典になるとき』、岩波書店、二〇一三年。

帆足記念図書館『帆足万里先生全集』、帆足記念図書館、一九二六年。

朴永濬・柴政坤・鄭珠里・崔炅鳳・中西恭子（訳）『ハングルの歴史』、白水社、二〇〇七年。

正宗白鳥『正宗白鳥全集』第十三巻、新潮社、一九六八年。

松井利彦『近代漢語辞書の成立と展開』、笠間書院、一九九〇年。

松井嘉徳「鳴り響く文字――青銅器の銘文と声」、冨谷至（編）『漢字の中国文化』、昭和堂、二〇〇九年。

松丸道雄（解説）『甲骨文・金文　殷・周・列国』（中国法書選1）、二玄社、一九九〇年。

丸山圭三郎『ソシュールの思想』、岩波書店、一九八一年。

三浦雅士『人生という作品』、NTT出版、二〇一〇年。

宮田和子『英華辞典の総合的研究　19世紀を中心として』、白帝社、二〇一〇年。

宮紀子『モンゴル時代の出版文化』、名古屋大学出版会、二〇〇六年。

村田雄二郎・ラマール『漢字圏の近代　ことばと国家』、東京大学出版会、二〇〇五年。

森岡健二「文字形態素論」、『国語と国文学』四五巻二号、一九六八年二月。

――『改訂　近代語の成立―語彙編―』、明治書院、一九九一年。

――『日本語と漢字』、明治書院、二〇〇四年。

森田思軒・徳富蘇峰・山路愛山『頼山陽及其時代』、民友社、一八九八年。

森博達『日本書紀の謎を解く述作者は誰か』、中央公論新社、一九九九年。

山口佳紀・神野志隆光（校注・訳）『古事記』（新編日本古典文学全集1）、小学館、一九九七年。

吉川幸次郎・佐竹昭広・日野龍夫（校注）『本居宣長』（日本思想大系40）、岩波書店、一九七八年。

吉川幸次郎・小島憲之・戸川芳郎『漢語文典叢書』第三巻、汲古書院、一九七九年。

吉川幸次郎『漢文の話』（ちくま学芸文庫）、筑摩書房、二〇〇六年。

吉田賢抗『論語』（新釈漢文大系1）、明治書院、改訂版、一九七六年。

和辻哲郎『日本倫理思想史』下、岩波書店、一九五二年。

あとがき

すでに五年も前のことになる。当初の案では、神官から士大夫、さらに国民へと移り変わった漢字の担い手を軸にすえて、漢字による知的秩序の歴史と構造を一望するというような内容になるはずであった。「知識階級の誕生」「漢字世界の正統と異端」「科挙知識人のエトス」などのトピックも記憶している。ともかく、かなりの大風呂敷であった。

それなりに魅力的であったこのプランが変更されたのは——能力の問題をひとまずおけば——、この五年間、私自身の関心が「文字とは何か」という基底的な問いに引き寄せられていったことが大きい。東アジアの知的秩序の歴史と構造を問うためには、どうしても漢字という文字を私なりに位置づける必要がある。それには、東アジアにおける言語と文字をめぐる実践と思考の核心を押さえておきたい。そう考えるようになったのである。

一口に文字をめぐる実践と思考と言っても、範囲は広く、先行研究もさまざまある。すべてを消化してからとなれば、このプランもまた放棄の憂き目に遭うだろう。必然的に、自分の関心を掘り下げつつ、考えながら調べ、書きながら勉強するということの繰り返しになった。ちょうど、科学研究費補助金によるプロジェクト「東アジア古典学としての上代文学の構築」（二〇〇七〜

一〇年度、代表・神野志隆光）および「東アジア古典学の実践的深化――国際連携による研究と教育」（二〇一一～一五年度、代表・齋藤希史）の活動とも重なった。台湾大学、台湾中央研究院、高麗大学、釜山大学、コロンビア大学、ハーバード大学、カリフォルニア大学ロサンゼルス校、ブリティッシュコロンビア大学、北海道大学など、国内外の機関で行われたワークショップや集中講義において、自らの理解を議論の俎上に載せる機会にも恵まれた。

全体を通しての執筆に取りかかったのは、この一年である。機会を与えられて発表した旧稿を、大幅な補訂を加えつつ、関連する章の土台として利用した。以下、本書の構成に即して挙げる。


「漢字圏としての東アジア」（『大航海』六六号、新書館、二〇〇八年）。

「和習と仮名――漢字圏における文字と言語」（東京大学教養学部国文・漢文学部会編『古典日本語の世界［二］――文字とことばのダイナミクス』、東京大学出版会、二〇一一年）。

「読誦のことば――雅言としての訓読」（中村春作・市來津由彦・田尻祐一郎・前田勉編『続「訓読」論』、勉誠出版、二〇一〇年）。

「頼山陽の漢詩文――近世後期の転換点」（東京大学教養学部国文・漢文学部会編『古典日本語の世界――漢字がつくる日本』、東京大学出版会、二〇〇七年）。

「言と文のあいだ――訓読文というしくみ」（『文学』八巻六号、岩波書店、二〇〇七年）。

「近代訓読体と東アジア」（沈国威・内田慶市編『近代東アジアにおける文体の変遷』、白帝社、二〇一〇年）。

二〇一三年六月に名古屋大学で行われた日本比較文学会全国大会シンポジウムおよび二〇一四年三月に一橋講堂で行われた国立国語研究所ＮＩＮＪＡＬフォーラムにおいて発表した内容も、ともに本書第五章前半部に生かされている。なお、古典籍等の引用にあたっては、「餘」「藝」等を除いて常用字体を用い、句読点を新たに加え、振り仮名は適宜増減した。

所属する東京大学の授業を含め、自らの考えを、関心の重なるすぐれた専門家や知的探求心に富む学生と共有する場に恵まれていることは、ほんとうにありがたく思う。幸運を生かしきっているとは言えないにせよ、それがなければこうした書物を仕上げることはかなわなかった。

新潮社の長井和博さんにお声をかけていただいたのは、最初の企画案のさらにその前のこと。思った以上に長い時間がかかってしまったが、著者の緩慢な歩みにも挫けない長井さんの粘り強くかつ力強いサポートによって、どうにか一冊の本として世に供することができそうだ。いまはただそのことに安堵している。

二〇一四年四月

齋藤　希史

新潮選書

漢《かん》字《じ》世界《せかい》の地《ち》平《へい》　私《わたし》たちにとって文字《もじ》とは何《なに》か

著　者……………………齋《さい》藤《とう》希《まれ》史《し》

発　行……………………2014年5月25日

発行者……………………佐藤隆信
発行所……………………株式会社新潮社
〒162-8711 東京都新宿区矢来町71
電話　編集部03-3266-5411
読者係03-3266-5111
http://www.shinchosha.co.jp
印刷所……………………錦明印刷株式会社
製本所……………………加藤製本株式会社

ISBN978-4-10-603750-4 C0381